我们的战争责任

历史检讨与现实省思

〔日〕纐缬 厚／著
申荷丽／译
黄大慧／审校

人民日报出版社

图书在版编目（CIP）数据

我们的战争责任：历史检讨与现实省思／（日）纐缬厚著；申荷丽译.—北京：人民日报出版社，2010.10
ISBN 978-7-5115-0160-8

I.①我… II.①… ②申… III.①侵略战争－研究－日本－现代 IV.①K313.46

中国版本图书馆CIP数据核字(2010)第177769号

Our War Responsibility
By Kouketsu, Atsushi
Copyright © 2009 Kouketsu, Atsushi
Originally published in Japanese by Gaifusha Publishing Inc., Tokyo, Japan
This Chinese (simplified character) language edition published in 2010
by the People's Daily Press, Beijing
by arrangement with the proprietor Kouketsu, Atsushi

本书根据日本凯风社（Gaifusha Publishing Inc., Tokyo, Japan）2009版译出

中文版序

黄大慧*

今年4月，我刚刚结束在日本为期一年的讲学工作回国，便收到了日本知名学者纐缬厚先生寄来的《我们的战争责任》的中文译稿，委托我负责该书的审校工作。这是一项重要而艰巨的任务，我虽知自己才疏学浅，但恭敬不如从命，还是欣然答应下来。不仅如此，还应人民日报出版社方面要求，对该书中难解之处做必要的注释及撰写中文版序言，以便于中国读者的阅读。

纐缬厚先生早年毕业于日本知名学府一桥大学，获政治学博士学位。现任日本国立山口大学副校长兼图书馆馆长、人文学部及大学院东亚研究科教授，也是该大学唯一的文科特任教授。同时，还担任东亚历史文化学会会长、殖民地文化研究会负责人、日本和平学会理事等职务。

纐缬厚先生长期从事近现代日本政治军事史、现代政治社会学等领域的研究工作。尤其是，作为日本军事问题研究的知名学者（曾任日本《军事民论》杂志主编），多年来以一个学

---

* 黄大慧，中国人民大学国际关系学院教授、博士生导师、东亚研究中心主任。

我们的战争责任
历史检讨与现实省思

者真正的良知,尊重历史的真实,为在亚洲国家形成对战争的共识一直不懈地努力着。特别值得一提的是,2003年12月,在日本山口县、福冈县地方法院对小泉首相参拜靖国神社进行违宪诉讼时,他还作为鉴定人出庭作证。

纐缬厚先生研究历史,不只是把自己关在书斋中,还开展了大量的实地调查。除了日本国内,他还多次到中国大陆和台湾地区、韩国、马来西亚、新加坡等地进行实地考察,对于二战期间日本军队对亚洲各国人民所犯下的罪行,以事实为基础,进行了大量的研究,并取得了许多颇具学术价值的成果。其主要著作有《总体战体制研究》(1981年)、《近代日本的政军关系》(1987年)、《防谍政策与民众》(1991年)、《PKO协力法体制》(1992年)、《现代政治的课题》(1994年)、《日本海军终战工作》(1996年)、《侵略战争——历史事实与历史认识》(1999年)、《有事体制论》(2004年)、《战争与和平的政治学》(2005年)、《文官统制:自卫队将走向何方》(2005年)、《"圣断"虚构与昭和天皇》(2006年)、《监视社会的未来》(2007年)、《宪兵政治》(2008年)、《我们的战争责任》(2009年)等。其中,已有多部著作被译介到中国大陆、台湾及韩国等国家和地区。

《我们的战争责任》这部重要著作,2009年在日本出版发行后,我就曾经拜读过,从中获益匪浅。如今,有幸获得作者的信任和重托,负责该书中文版的审校工作,更有了进一步仔

中文版序言

细研读体会的机会。

在这部著作中,作者通过对日本"昭和"初期20年(1926-1945年)和"平成"20年(1989-2008年)的比较研究,立场鲜明地指出了日本所应当承担的"战争责任"的问题。

作者认为,在战败后较长一个时期内,日本国内在历史问题上不时也会出现错误的言行,但总体上看,日本在寻求和平稳定发展方面还是取得了一定成效的,那时还是能够从正面谈论过去的痛苦经历、接受和汲取历史教训的。然而,在"昭和"结束(1989年)后,随着时代的推移,日本社会中越发感到充满战争和混乱时代的昭和史改头换面正在复活重生,人们记忆中的那些以往的体验和历史教训已经变得模糊淡化了。作者进而指出,日本"昭和"初期的20年与"平成"20年这两个"二十年"仿佛暗中紧密连在一起,并且具有某种类似性、潜藏着某种危险性。由此,作者想通过本书重新回顾和考察"昭和"时期与"平成"时期的两个"二十年"。通读全书,概括说来,其主要内容及观点如下:

首先,作者在"序章"中以2008年11月发生的"田母神事件"(日本空军司令田母神俊雄撰文否认侵略史实的事件)为话题,阐明了贯穿本书整体的问题意识,指出当今日本社会依然背负着昔日"帝国日本"时代未能克服的课题。

在第一章中,作者深刻地剖析了天皇的战争责任问题,指出昭和天皇在日本战败之际发表的"圣断"("终战诏书"），不仅使天皇免于被追究战争责任，还创造了"战后和平主义天皇"形象。并且进而指出，即使在1989年天皇换代之后，天皇制依然起着支撑保守体制的作用。

日本前首相岸信介被称为"昭和妖怪"，在日本官场政界活动了60余年，对战前与战后两个时期的日本，都曾产生过重大影响。在第二章中，作者剖析了岸信介战前为建设"总体战国家"而奋斗的经历，以及战后重返政界采用与战前"总体战时代"类似手法领导经济复兴的活动。并进而对冷战后日本社会重新评价岸信介的背景及现实意义作了分析。

小泉纯一郎执政时期，多次以首相身份参拜靖国神社，严重伤害了日本与中韩等亚洲邻国的关系。在第三章中，作者深刻地剖析了小泉参拜靖国神社的背景，并强调指出，靖国神社问题的本质在于靖国神社发挥了连接战前与战后以及使国家与民众一体化的政治功能。

在第四章、第五章中，作者通过对冷战后日本社会日益猖獗的"历史修正主义者"的"殖民地近代化"论、"亚洲解放战争"论、"民族解放"论等错误史观的批驳，论述了日本的战争责任和殖民统治责任的问题。并强调指出，是日本侵略了亚洲国家，若歪曲历史，就会失去信任。

众所周知，日本外交以日美同盟关系为基础。作者在第六章中指出，日美同盟不仅局限在军事、经济领域，而且阻碍了日本与亚洲各国的和解。在冷战体制下，亚洲各国失去了向日本追究战争责任的机会，未能充分地要求战争赔偿，很大程度上缘于日美安保体制。由此说，日美同盟又是一个"历史认识同盟"。

在本书的最后部分，作者告诉二战后出生的日本人，尽管我们没有对战前侵略战争的直接责任，却要承担对未来战争的责任，因而决不允许歪曲历史事实。尤其是对于生长在当今时代的年轻人来说，提高自身辨别能力和自觉意识，防止不断重复错误的历史认识，是义不容辞的责任和义务。

综上所述，该书论点明晰客观，论据充分有力，资料翔实可靠，是一部史论兼具的良作，尽管作者说该书原本是写给日本广大一般读者的。在当今日本社会总体保守化、右倾化的大背景下，纐纈厚先生以一个学者真正的良知，尊重历史事实，顶住来自右翼势力等的压力出版这样一部著作，实在难能可贵。纐纈厚先生的治学精神和人生品格，令我对他肃然起敬，倍加尊重。

今年恰逢世界反法西斯战争胜利和中国人民抗日战争胜利65周年，这对许多国家来说都是值得纪念的一年。前事不忘，后事之师。只有不忘过去、汲取教训，才能避免历史悲剧的重演，才能更好地面向未来。我相信，本书在中国的出版，一定会在广大读者中产生良好的反响，从而增进中日两国人民的相互理解，促进中日两国友好关系的发展。

2010年9月3日

前　言

两个"二十年"

　　自"昭和"①年号结束"平成"②年号开始，已经过去二十年了。回顾这二十年已逝的岁月，与1926年"昭和"年号开始到1945年战败为止恰好是相同的二十年的时间。

　　对此并非要找出其特别的含义，但是，不知为什么我感到进入"昭和"后的二十年，与进入"平成"后的二十年有某些相似之处。从战败到"昭和"年号结束为止，虽然反复不断地出现一些试行错误，但是总体上来看，日本是寻求和平安定，并取得了成效。但是，"昭和"结束后，随着时代的推移，越是感到充满战争和混乱时代的昭和史改头换面正在复活再生。

---

① 日本裕仁天皇1926年12月25日至1989年1月7日在位，其间称昭和时代。
　　——本书审校者注

② 日本明仁天皇1989年1月8日即位，始称平成时代。——本书审校者注

从战败到"平成"时期，能够从正面谈论昭和时期的痛苦经历、接受和汲取过去的教训。通过学习和汲取过去的历史可以成为创造和平和安定的力量。但是，最近许多人感到，人们的记忆中那些以往的体验和历史教训已经变得模糊淡化了。而问题是，究竟模糊到了什么样的程度呢？为什么会变成这样一种状态呢？

本书要指出的是，战后日本社会和日本人的认识中不知不觉地刻记上了错误的昭和史观，由此，想重新回顾和考察"昭和"时期和"平成"时期的两个"二十年"。在此我的假说是，这两个"二十年"在看不到的暗处密切地连接在一起。当然，我并不认为自己的昭和史观就是完全正确的。对于历史有各种各样的观点和解释，由此而引发历史争论，力求去接近历史。既有像我一样，想要强调"昭和"初期的二十年和"平成"时期的二十年具有类似性、潜藏着某种危险性的人，同时也会有人按照两个年代不同的性质，评价战后的——以及"平成"的——安定和成长，或者其他不同的见解。此外，对只不过刚刚历经二十年的"平成"时期作为历史评价的对象，甚至也会有人感到困惑不解。

但是，可以指出的是，战败后日本社会培植了"殖民地近代化论"史观，试图将日本的殖民地统治正当化、免其罪过。问题是，为什么竟然无视历史事实、要将殖民地统治正当化呢？尽管并非出于想要再度实行殖民地统治的意图，但是通过这种将殖民统治正当化的言论,彻底免除殖民地统治责任,而最终甚至全面否定"殖民地统治"这一历史事实。

另外,即使从战后一贯称颂赞扬、至今许多日本人固守的"圣断论"来看,其实是混淆了历史事实,出于某种政治上的意图。我们知道,由裕仁天皇开始的那场战争,同样又是由裕仁天皇的"圣断"结束了战争,以此来说明,使战争责任的问题变得暧昧。"圣断论"解脱了裕仁天皇的战争责任,天皇周边的、以东条英机(1884-1948年,甲级战犯)为首的军事官僚们被定为主要战犯、承担战争责任。没有"圣断"好像就没有日本新的开端一样,"圣断论"将二战前的权力结构原封不动地移转到战后,同时二战前保守派装扮一新,以战后保守的姿态复活再生。

可是,由于这一历史过程是在"圣断论"这一烟幕笼罩下发展过来的,所以我们不能清晰地辨认二战后保守的真实面目。在"昭和"时期结束时、随着烟幕淡化开始显露战后保守的本来面目时,呈现在我们眼前的是完善军事(有事)法制、以及修改和平宪法论,即企图修改确保了日本战后民主主义得以有效维持和发展的日本国宪法。并且进入"平成"时期后,又开始重新评价东条英机的盟友岸信介(1896-1987年,甲级战犯)。当然是事出有因,这大概是从2006年9月岸信介的外孙安倍晋三一跃登上首相宝座之后开始的吧。顺便提一下,岸信介出生在山口县吉敷郡山口町(现在的山口市),是佐藤家的次子,父亲是招进佐藤家的倒插门女婿,岸信介在初中三年级时成为父亲老家岸家的养子。岸的女儿嫁给了安倍晋三的父亲安倍晋太郎(1924-1991年,曾任外交大臣)。安倍晋三在就任首相之前,曾因诱拐绑架日本人质问题发表言论、主张对朝鲜采取强硬的外交姿态,由此而显露头角,身为自民党内的"太子党"开始受到舆论和媒体的瞩目。而安倍常常自我炫耀、吹捧的政治家就是其外祖父岸信介。

此外,作为"靖国问题"或"靖国思想"而被谈论的"正式参拜靖国神社",成为社会、外交问题。岸信介是官僚出身的政治家,他在战争初期担任商工大臣、战后同盟国占领时期一结束便恢复了权力、直至就任首相登上了权力的顶峰。战后不久,政治家们即重新开始参拜靖国神社。这些并非是到了"平成"后才出现的问题。但是,进入"平成"时期以后,开始重新对岸信介进行评价、以及参拜靖国神社成为社会问题,是因为这些问题起到了连接两个"二十年"的媒介作用,今后也将会遭到来自国内外的批判。

本书,通过在把握"昭和史"和"平成史"的基础上,来探讨连接两个"二十年"的历史事实。同时也为了不再重演"昭和二十年"充满战争和混乱的历史,现在需要重新认识和把握两个"二十年"。

目录

中文版序 / 黄大慧 / 1

前　言　两个"二十年" / 1

序　章　日本帝国的原型及其复活
　　　　——田母神问题的本质 / 1
　　期盼日本帝国的复活 / 1
　　作为"昭和"前史的大正民主主义 / 5
　　"昭和"初期的二十年 / 8
　　总体战时代的民主主义 / 13
　　"平成"时期的二十年 / 15
　　"昭和"初期二十年和"平成"时期二十年的共同点 / 18

日本帝国的复活 / 21

对"昭和初期"的怀恋 / 24

自立和一体化的并行 / 27

政治、宪法和自卫队 / 31

第一章　帝国天皇和象征天皇

　　　　——"圣断"论和天皇的免责 / 32

"切断论"和"连续论" / 35

保留天皇制引发的问题 / 37

明治国家的政治体系 / 39

"圣断"导致战后的"战前化" / 41

战败和"圣断" / 43

"终战诏书" / 47

"圣断神话"的形成 / 50

掩盖了日本的侵略责任和战败责任 / 53

战后天皇制和圣断论 / 55

第二章　战时官僚领导的战后经济复兴

　　　　——岸信介再次登场 / 60

岸信介再次登场 / 60

岸信介的总体战 / 62

目 录

"战时官僚"岸信介 / 67

战后实现的总体战体制 / 73

重新评价岸信介的背景 / 77

重新评价岸信介的现实意义 / 81

第三章 靖国神社和明治以来的战争
　　——小泉坚持正式参拜的背景 / 84

连接过去和现在的靖国神社 / 84

靖国神社的地位 / 88

靖国神社在宗教和政治上的功能 / 91

靖国神社的解体和重建 / 93

日本社会右倾化和国家神道教恢复权利 / 95

靖国神社由国家管理和自民党 / 99

中曾根首相参拜靖国神社问题 / 102

90年代新展开的靖国神社参拜问题 / 107

坚持正式参拜的理由 / 110

正式参拜问题何在 / 112

为什么无视亚洲的呼声 / 115

靖国神社和"国民意识" / 118

第四章　日本侵略了亚洲

　　——歪曲历史而失去信赖 / 123

殖民统治意识淡薄 / 123

何谓亚洲太平洋战争 / 125

对亚洲太平洋战争的三种见解 / 127

"亚洲解放战争"论的根据何在 / 130

"民族解放"论的背景 / 135

第五章　亚洲太平洋战争的历史事实

　　——卑劣的历史修正主义 / 140

"战争目的"的视点 / 140

"殖民地经营"的视点 / 144

历史认识淡薄的原因何在 / 147

重复"亚洲解放战争"论的理由 / 152

历史的记忆和忘却 / 154

围绕殖民主义 / 156

何谓"殖民地近代化"论 / 158

澄清"亚洲解放战争"论 / 160

能否达成共同的历史认识 / 163

达成信赖关系 / 166

目 录

第六章 日美安保阻碍了与亚洲的和解
　　　　——日美同盟和亚洲 / 169
　　日美同盟给历史贴上了封条 / 169
　　限制了日本人历史认识的美国的意图 / 171
　　日美安保条约的历史观 / 173
　　"历史认识同盟"的问题点 / 176

终　章　面对过去
　　　　——战后世代的战争责任 / 179
　　真诚地面对和解决 / 179
　　战后世代的战争责任 / 181
　　政治上的战争责任 / 183
　　战争责任超越国境和时效 / 184
　　战后世代的"战后责任" / 186
　　暗中活跃的历史修正主义者 / 188
　　历史的"收复" / 191
　　各种各样的历史观 / 194

序　章

日本帝国的原型及其复活

——田母神问题的本质

期盼日本帝国的复活

2008年11月，在APA集团①举办的"真正的近现代史观"有奖征文评选中，当时的日本自卫队航空幕僚长②田母神俊雄的应征论文获得了特等奖，媒体报道曾轰动一时。这是因为，

---

① 该集团1971年创立，是以经营公寓及旅馆为主的企业。该机构代表元古外志雄写过历史修正主义的著述，担任"小松基地金泽友会"会长，该会是为加强与自卫队小松基地（石川县）的和睦关系设立的，与前首相安倍晋三为首的右翼政治家关系密切。

② 航空幕僚长，相当于空军司令。——本书审校者注

我们的战争责任
历史检讨与现实省思

作为日本自卫队现任的高级军官，竟公然否定"侵略战争"，将贯穿于日本近代史的侵略战争冠以"圣战"来加以肯定，把压制亚洲民众的历史视为"解放战争"。不仅仅是田母神前航空自卫队幕僚长，至今为止，仍旧有人反复不断地重复这种毫无根由的荒唐的言论。

身为国家公职人员、并且是担当武力集团的统帅的高级官员，居然不断地宣扬否定侵略战争的言论、歪曲历史事实，这是绝不能容忍的。况且，让这种对旧日本陆海军深表同情的人负责担任自卫队内部的官兵教育，不免令人感到疑虑。只有坦诚地面对和承认过去侵略的历史事实，端正历史认识、为创造和平而努力，才是日本重新获得亚洲信赖的有效途径。

国家公职人员当然需要具备相应的历史认识。长久以来，我国的政治家以及官僚的道德问题受到指责，并且存在一些违反法纪的问题。当然，我也并不认为所有的政治家和官僚都是"堕落"的，但是看到一些脱离常轨、荒诞无稽的发言以及对此奉承迎合的人，我认为这与其说是个人素质的问题，不如说已经是一种社会问题。

前航空自卫队幕僚长田母神究竟想要主张什么呢？对平成二十年所发生的这一事件应该如何评价呢？在展开议论之前，首先想列举一下"田母神论文"中极力主张的"国防思想"的特征。

第一，通过"全盘肯定"近代日本的战争史，对发动战争的主角——旧日本陆海军进行重新评价。也就是说，通过把"侵略"的历史改成"国防"的历史，由此来掩盖和歪曲事实，进而积极地评价"国防"，肯定担当现代国防建设的自卫队的历史作用，进一步唤起国民的支持。出于这种意图，必须全面地否定过去侵略战争的事实。

在此，可以看出作者对于战后日本人渐渐对"国防"变得漠不关心显露出的焦虑。前航空自卫队幕僚长田母神在辞职后会见记者时，对记者团的追问辩解道："是遵从为了国家、国民的信念写的论文。"田母神通过否定侵略的历史，是想在国民面前强调新的国防精神和信念。

第二，透过田母神的主张可以看出企图"升格"自卫队、变为国防军的强烈愿望。在论文中，赤裸裸地谈论期待着确立"自主防卫"，最终当然关系到重新评价日美同盟，脱离美国、强化自主防卫力量。田母神说"完善我们保卫自己国家的体制，可以使我国防止将来被侵略，同时也成为外交交涉的后盾。这在其他国家是很容易被理解的事情，在我国却得不到国民的理解"表明了其真实所想。对于持有这种主张的武官干部，我暂且称之为"自主国防派"。

我将这种"自主国防派"还称作"战后版亚洲门罗派"。

我们的战争责任
历史检讨与现实省思

战前的亚洲门罗派①是以日中全面战争②（1937年7月）为契机在军部急剧抬头的势力。他们从过去的亲英美派的手中夺过实权后，一边维持与英美的协调路线，一边企图独占中国以及亚洲诸国的资源和市场，在"大东亚共荣圈"的设想下统霸亚洲。

同样，在田母神的主张中，隐藏着这么一种观点，那就是过度地依存美国将阻碍着日本国防的自立。就是说，虽然没有明确地表明坚持国防自立的意识程度，但是脱离对美国的从属、建设自立的"日本帝国"的意图昭然若揭。这种主张与过去的亚洲门罗派同出一辙。田母神的主张是公开抵制支持战后民主主义的和平主义方针，也是向宪法九条的公然挑战。

田母神为什么对战后民主主义大加指责、并要从根本上否定战后民主主义呢？在此，准备对田母神极为同情的战前的日本、特别是昭和初期二十年（1926–1945年）的历史作一回顾。这一历史时代也正是本书的主题。

---

① 第二次世界大战前，日本军国主义者抄袭美国门罗主义的公式，提出"亚洲是亚洲人的亚洲"的口号，反对欧美国家和国际联盟干涉亚洲事务，要求各国承认日本在亚洲特别是在中国的"特殊权益"，宣称日本是亚洲的"领袖"等。其目的在于利用亚洲人民反对西方殖民主义的情绪，排除英美等国在远东的势力，以独占中国和亚洲。——本书审校者注

② 日中全面战争，即1937年七·七事变（卢沟桥事变）后日本全面侵略中国的战争。——本书审校者注

作为"昭和"前史的大正民主主义

对于"昭和"初期的二十年(1926-1945年),用一句话概括的话,可以说就是民主主义和法西斯主义,或者说民主主义和军国主义混杂的时代。在我看来,那个时代和"平成"的二十年(1989-2008年)有诸多类似的感觉。大正年间的第一次世界大战(1914-1918年)可以视为昭和二十年的启动点。

第一次世界大战与以往的战争形态截然不同,是人类历史上最初的"国家总体战"形态的战争。战域的扩大以及巨大的破坏远远超出人们的预料,第一次世界大战给日本的统治层强烈的冲击。他们开始认识到未来的战争无疑将是趋向国家总体战的战争,那么日本必须从根本上重新考虑完善与此相适应的国家体制。

公然宣扬军国主义思想、在明治国家中枢担任要职的山县有朋(1838-1922年),早在第一次世界大战尚未结束时就表明,为了夺取今后战争的胜利,"必须动员国民,竭尽国力,依靠上下一统、举国一致之力"①。

总之,也就是强调了为防备未来的战争构筑总体战体制

---

① 〔日〕德富猪一郎编著《公爵山县有朋传》下卷,山县有朋公纪念事业会,1933年。

的必要性。如果说山县是统管军部和官僚最有权势者的话,那么,作为政党代表人物之一的犬养毅(1855—1932年,时任国民党总裁),在1918年1月召开的国民党大会上则提到"召集全国应征男青年服兵役、将全国工业用于制造军用器械的军需工厂"①,主张日本资本主义必须要响应国家的总体战。

军政要人相继表明了以总体战为前提的军事思想和经济措施的必要性,同时,媒体报道了第一次世界大战造成的史无前例的巨大的伤亡和破坏。对此,国际社会掀起了反对战争呼吁和平的民主主义浪潮,这种反战浪潮也扩大到了日本社会。1918年9月原敬(1856—1921年)内阁成立,全部阁僚都是政友会会员,是纯粹的政党内阁。原敬内阁要求废止日本陆军参谋本部等,也可以说出台了向军国主义挑战的政策。围绕民主主义的争论也变得愈加激烈,这一时期成立了以吉野作造(1878—1933年,政治学者)和福田德三(1874—1930年,经济学者)为中心的黎明会(1918年12月)。由于受国际社会兴起的民主主义和民族自决的影响,在殖民地朝鲜发生了三·一万岁事件②(1919年3月),独立运动勃然兴起。在日本国内,以尾崎行雄(1859—1954年)和犬养毅等为首,要求实行普通选

---

① 〔日〕鹫尾义直:《犬养木堂传》中卷,东洋经济新报社,1939年。
② 亦称"三·一独立运动",1919年3月1日朝鲜全国反抗日本帝国主义、争取独立的运动。——本书审校者注

序章　日本帝国的原型及其复活

举法的运动也开展得轰轰烈烈。普选请愿示威游行（1920年2月），表明在国民中已形成了一大潮流，实行普选、民主主义的要求不断地高涨。

以第一次世界大战中发生的"米骚动"①（1918年）为契机，促进了民众间政治能量的爆发。米骚动迫使被奚落为"非立宪内阁"的反动军人内阁——寺内正毅（1852-1919年）内阁全体辞职。因为时代已经不能容忍像寺内内阁那样的反动保守内阁的存在。反对出兵西伯利亚（1918-1925年）的大众运动、为消除米价暴涨引发生活不安的运动等充分体现了民众的政治能量。正是由于这种民主主义的浪潮，反动的保守政治领导层也不得不认同原敬政友会内阁的登场。吉野作造倡导的民本主义就是将这种民众的政治能量加以理论化。

被誉为日本式民主主义的民本主义运动，以实行普选为政治目标，有效地促进了"普选运动"的发展。但是，即便是首次组建政党内阁的原敬，也主张普选是"民众的强行要求破坏现代组织"的选举制度②，对于广大民众迅急地登上政治舞台持有戒心。此后，在野党的宪政会和国民党向国会提交"普选议案"后，原敬突然解散众议院（1920年2月）。原敬借民主主义运动

---

① 因米价腾贵引起的骚动。通常指1918年日本政府出兵西伯利亚使米价暴涨而激起的全国性示威暴动。——本书审校者注

② 〔日〕原奎一郎编《原敬日记》，乾元社，1950年。

之势，却对民主主义理论持戒备和怀疑态度。这也是原敬本身的局限性。事实上，后来原敬实行了压制普选运动的政策。

时代发生了巨大的变化。在蓬勃高涨的普选运动中，发生了足尾铜矿大罢工（1921年3月），以及神户的"川崎·三菱造船厂罢工"（同年7月）。另外，遭受歧视的村落居民联合起来为消除歧视结成了日本农民组合①（1922年），日本农民组合领导的农民运动也此起彼伏、迅速发展。此外，受到天皇制家长制压迫的妇女也开始觉醒，要求妇女解放的运动也变得十分活跃。平塚雷鸟（1886-1971年）、市川房枝（1893-1981年）等结成了新妇女协会（1920年3月），以市川为首还成立了争取妇女参政权促进同盟（1924年），目标是促进妇女参与政治活动，获得选举权。另一方面，社会主义运动结束了长时期的"寒冬时代"，1920年12月成立了日本社会主义同盟（翌年5月政府下令解散），集聚了众多的社会主义者。日本共产党也于1922年7月诞生。

"昭和"初期的二十年

大正时代②是短暂而相对稳定的时期，该时代的根本特征

---

① 日本最早的农会组织。——本书审校者注

② 日本大正天皇1912年至1926年在位，其间称大正时代。——本书审校者注

是大正民主主义风潮席卷文化的各个领域。关东大地震（1923年9月1日）后，日本政府加大了对民主主义、社会主义运动的打击力度。再加上山本权兵卫（1852-1933年）内阁时期发生了无政府主义者难波大助刺杀摄政的裕仁亲王（即后来的昭和天皇）未遂事件（虎门事件），此后，进一步加大了对社会主义势力的打击和镇压。

在民主主义和反民主主义相互较量的斗争中，大正民主主义运动取得的一大成果就是，1925年3月议会通过了《普通选举法》。但是，政府以治安恶化为由，3月份同时公布了《治安维持法》，想以此对应普选法成立后更加活跃的民众政治运动。该法律明确规定，对于"成立以变更国体或否定私有财产制度为目的的团体，或者明知其性质而加入者"（第一条），给予严厉处置。该法旨在取缔包括共产主义在内的一切试图改变国体的言论、结社等社会活动，同时也起到了对一般民众进行恫吓镇压的作用。

由此，大正末期，代表民主主义成果的《普通选举法》和反民主主义的《治安维持法》同时出台，这一代表性的事例意味着民主主义和法西斯主义并存状况的出现。这种状况持续了一段时间，自裕仁天皇即位（1926年12月）前后反民主主义势力开始发起了攻势。1927年4月，以政友会总裁田中义一（1864-1929年）为首相的内阁成立。田中是陆军出身，他组建了在乡军人会和青年团等组织，为构筑彻底的军国主义和国家总动员体制发挥了重要的作用。

田中内阁中,平沼骐一郎(1867-1952年)派的人受到器重。平沼骐一郎是标榜反民主主义的右翼组织"国本社"的创始人,在东京审判时被定为甲级战犯。在当时日本经济处于萧条的情况下,田中内阁断然实行反动的侵略政策。在中国,民众高喊反对帝国主义和民族自决的口号掀起抗击帝国主义运动的热潮,蒋介石(1887-1975年)与此呼应开始了北伐战争(1926-1927年,旨在打倒帝国主义、推翻军阀统治、实现全国统一)。第一次世界大战后,尽管日本从德国手中接管了山东,但是由于丧权辱国的《二十一条》(1915年5月)遭到中国民众的强烈反对,将包括青岛在内的山东权益一时归还给了中国。1927年5月,当蒋介石第一次北伐逼近山东时,田中内阁以"保侨"名义出兵山东,以切断蒋军北上通道。向山东出兵完全是维护日本在中国既得权益的侵略行动,但是名义上却声称是"保护日本在华侨民的生命及财产安全"。日本依靠军事武力确保既得的权益,激起了中国民众的极大愤慨,由此掀起了强烈的反日运动。但是,对此,日本的右翼政治家和军人采取的态度是,中国的反应过激,在日本国内极力煽动反华情绪。

田中内阁的方针是,日本在中国的既得权益若有可能受到侵害的话,则立刻向中国派兵。在1927年7月发表的"对华政策纲领"中表明了这一方针。比如其中,"关于满蒙,特别是东三省,由于在国防和国民的生存上有着重大的利害关系,需要采取特殊的措施",就是主张采取军事武力的正当性。田中内阁采取对华武力外交政策,1928年4月第二次出兵山东,更加暴露了其赤裸裸的侵略行径。之后,事实上日本对山东一带实施了军事占领。

而从日本国内的政局来看,由于离开政友会的脱党派结成了政友本党,并与宪政会合并成立了立宪民政党,执政的政友沦落为占少数的执政党。于是,田中首相解散了议会,进行了《普通选举法》成立后的第一次普选(1928年2月)。当时,无产阶级政党中有82人提名为候选人,并取得了8个议席。对此,田中内阁对共产党员及其支持者实施了彻底的镇压,即三·一五事件。同年4月,重新修订了《治安维持法》,将原来规定的最高刑期10年改为死刑。翌年,日本政府再次对共产党员及支持者进行了搜捕和镇压(四·一六事件①)。

就这样,在日本国内,对共产党体制的镇压持续化、日常化。但是,当时世界面临大恐慌。1929年10月发端于美国的世界恐慌使资本主义国家陷入深刻的经济危机,自翌年开始,日本也受到了极大的打击和影响。以蚕丝为代表的日本出口产业遭到破坏性的打击,各企业缩短劳动时间降低人力费、强行裁

---

① 四·一六事件,1929年4月16日发生的日本政府镇压日本共产党的事件。日本共产党因此遭受毁灭性打击。该事件与"三·一五事件"合称第二次共产党事件。——本书审校者注

我们的战争责任
历史检讨与现实省思

员、维护企业利益。特别是基础薄弱的中小企业相继倒闭，日本全国失业人员达200万—300万人。在企业四处奔走寻求合理化经营的同时，对此广大劳工则提出抗议、掀起罢工热潮，开始出现了要打破这种沉闷闭塞的社会舆论的动向。

或许是注意到了这种舆论动向，1931年9月18日，日本陆军策划制造了柳条湖事件，并以此为契机，开始了向中国东北部的军事入侵（"满洲事变"①）。当初，若槻礼次郎（1866-1949年）民政党内阁坚持不扩大方针，但是在陆军内部强硬派的驱使下不断派兵，最终占领了整个满洲，建立了"伪满洲国"（后改为"伪满洲帝国"）。当初，虽然陆军的行动受到国内舆论及媒体的批判，但是为摆脱国内的艰难局面，最终国内舆论还是支持了陆军的侵华行动。

这主要还在于日本人的利己认识。在过去的日清/日俄战争②中，许多日本人流血牺牲，战争目的总归是为了争夺满洲和蒙古的霸权，确保日本在这些地域的霸权。因此国内没有掀起反战和平运动，好像民主主义尚未成熟、不足以与法西斯主义抗争。在国内贫富差距增大的情况下，也有许多日本人寻求

---

① 满洲，旧时指中国的东北三省。满洲事变，即1931年日本帝国主义武装侵占中国东北的九·一八事变。——本书审校者注

② 日清战争，即中日甲午战争；日俄战争，即日本与俄国为争夺在中国东北和朝鲜的霸权而爆发的帝国主义战争。——本书审校者注

序章　日本帝国的原型及其复活

在国外发迹、找到新的成功的机会，侵华意识不断地增强。

即使1937年7月卢沟桥事件后进入日中全面战争时，很多日本人认为再次迎来了对中国实施完全统治的机会。同年12月，中国首都南京陷落后，日本全国各地举行了提灯游行，欢庆胜利。由此可见，当时日本已经完全丢弃了民主主义及和平的愿望，被吞没在军国主义和法西斯主义为主的排外民族主义的巨浪之中。

从1937年7月到1945年8月战败为止，当然并不是说整个日本完全陷入军国主义和法西斯主义状态，也有不少祈求反战和平的民众和新闻媒体界的人士进行着不懈的抵抗。但是，从整体上来看，是从民主主义和军国主义、法西斯主义并存的时代向势力强大的军国主义、法西斯主义时代转换。

总体战时期的民主主义

对昭和初期的二十年，用一句话来概括的话就是，"总体战①时期的民主主义"和"战争时期的法西斯主义"混杂的时代。第一次世界大战的大正民主主义时期，倘若日本的民主主义能够成熟地发展、在日本社会得以确立的话，也许就能够抑制住法西斯主义和军国主义势力的抬头。

---

① 总体战，指动员国家的全部力量进行的战争。——本书审校者注

然而，自第一次世界大战结束开始意识到建设国家总体战体制的必要性之后，认识到社会民主主义对建设总体战体制是不可缺少的，也就是说，通过普选使大众参与政治活动，作为未来总体战战争的资源。这种认识开始在国家领导层中确立下来。

民主主义是坚持自由、自信、自律的思想，而总体战则是以动员、管理、统治为原理的。从这一意义上来说，总体战是和法西斯主义、军国主义属于同一性质的思想，显然同民主主义是相悖的。可是，消除形式上的差异将每个人作为政治动员的个体来考虑的民主主义，与将每个人作为军事动员的个体来考虑的总体战论有可能确立一种相互补充的关系。尤其是在日本，这种可能性是极大的。

总体战论者认为，民众参与政治活动是构筑总体战国家绝对必要的条件。比如持有这种观点的田中义一，从担任陆军省军事课长时期开始就大讲未来的战争是"国民战争"，主张"国民的军队化和军队的国民化"（=良兵即良民），强调在国民总动员制度的充实中总体战体制才得以完备。田中的这一主张后来被誉为"效力于总体战的民主主义"。

由于日本民主主义没有得到充分的发展、尚未成熟，体现民主主义基本原理的自由、自治、自律的思想没能得到广泛传播和深化，而被纳入了总体战论中，这就是日本民主主义的实际状态吧。满洲事变后，即使对势力急剧增大的军部和官僚来说，也不能够无视民主主义所内涵的大众动员机能,因而在总体战论中也倡导形式上的民主主义和形式上的平等主义的必要性。

总体战社会对所有的国民进行"均等的动员",以消除阶级差距、生活差距和学历差距。总体战社会,不仅动员大量的士兵奔赴战场,为了确保战争资源和加强持续的作战能力,后方支援占有极其重要的地位。由此,也消除了"战场"和"后方"的区别,要求身居后方的国民也要成为"士兵"。

如上所述,昭和初期的二十年,日本社会并不是仅仅由法西斯主义和军国主义垄断,还在"平等"这一民主主义原理下,"均等"地动员大众参与战争。尤其是1940年成立的大政翼赞会,超越阶级差别将国民都"均等"地统一到"日本帝国"之中。不言而喻,大政翼赞会是企图实行法西斯精神总动员(=独裁的法西斯主义)。之后,在看似平等主义的形式下统一国民意识,极力消除各种歧视和差距,总体战社会如同"平等社会"一样的"幻想"不断地扩大。

"平成"时期的二十年

战后,日本吸取战败的教训、痛感战争罪过,向国内外宣布决不再重蹈侵略国家的历史。不言而喻,这正是新宪法、特别是前言和第九条所明示的。新宪法的目的是,要消除昭和初期二十年民主主义和法西斯主义、军国主义混杂的状态，努力建设以民主主义为基础的社会。但是，1950年朝鲜战争爆发后，战后日本的"民主化"刹车，开始走上"逆行道"。当然，虽说如此，并非像战前那样民主主义处于完全崩溃的状态。

战后，美国对日本的发展起着主导作用，日本接受美国的社会秩序和美国的民主主义，缔结了《日美安全保障条约》（Security Treaty between Japan and the United States of America），结为同盟，加速战后复兴、着重经济建设。在东西冷战时期日本成了美国在亚洲的据点。日本在美国巨大的经济援助下短时间实现了经济复兴，成为世界公认的经济大国。

日本过去侵略过的各亚洲国家和地区，由于冷战体制失去了向日本追究战争责任、索赔战争损失的机会。而趁此之间，日本得以专注于发展本国经济、确保在亚洲的市场。再加上，朝鲜战争以及越南战争等，为美国在亚洲的战争提供大量军需，日本深得恩惠，大肆讴歌赞颂所谓的"日美安保繁荣论"。东京奥运会（1964年10月）和大阪万国博览会（1970年3月）都是所谓"日美安保繁荣论"的具体例证。

此外，这期间日本社会不断出现一些试图改变日本宪法、否定战后民主主义的复辟活动。然而，由于市民中间形成了强大的反对战争追求和平的力量，同时冷战时期追求优先发展经济的势力占主导地位，尽管坚持修改宪法的"自民党"长期把持政权，在形式上还是继续保持战后民主主义。可是，另一方面，重整军备后自卫队军事力量迅速增强，已经发展为令世界注目的强大的军队，教育行政中反动的保守势力不断增大，以及加强治安立法等，事实上民主主义和和平主义变得徒有形式。

但是，自裕仁天皇去世（1989年1月）到"平成"二十年的今日，我所看到的是与这种战后反动的保守势力的动向有所不同的显著变化。尤其是，裕仁天皇去世战争责任问题再次成为议论的话题，但事实上，天皇的战争责任问题长时期一直被搁置起来，通过媒体呈现给人们的是"和平天皇"的形象，人们一直被这种假相所迷惑。由此一来，军国主义和战争时代的"昭和"从人们的记忆中消失了，而出现了与欧美列强抗争、引以为荣耀的"昭和"这一历史现象，即所谓的历史否定主义或者历史修正主义的兴起。

进入20世纪90年代，东西冷战体制结束，日本保守政治不能继续安享冷战体制的恩惠，从此不得不考虑进行历史的修正。虽然曾一时允许"非自民联合政权"执政，但此后自民党通过联合政权顺利地保持了原有的权力结构。同时，以自民为中心的保守政权为了摆脱经济发展停滞的局面，加强与美国的军事同盟，积极地加大自卫队军事建设、实现军事现代化。自此，国会陆续不断地通过了《关于协助联合国维和活动的法律》（简称"PKO法"，1992年）、《周边事态法》（1999年）、《反恐特别措施法》（2001年）、《武力攻击事态对应法》（2003年）、《支援伊拉克复兴特别措施法案》（2003年）、《国民保护法》（2004年）等一系列的军事法制，军事软件方面的建设整备日益强化。

由此，战后"昭和"时期日本保守政治选择的"经济第一主义"和"轻军备"政策，到了"平成"以后迎来了大的转换期。实现这种转换的最明显的标志就是1999年的第145届国会（小渊惠三内阁时期）。在长达207天的国会期间，包括修改在内总共通过了《周边事态法》、《国旗国歌法》、《窃听法》、《居民基本注册法》、《地方分权一揽子法案》、《中央省厅等改革相关法案》等138个法案。我把到目前为止的日本的政治体制称为"1999年体制"。通过这些法律的出台，日本的政治路线显著地向右转化。

"昭和"初期二十年和"平成"时期二十年的共同点

那么，昭和初期二十年和平成时期二十年，究竟有哪些共同点呢？

第一，这两个二十年期间，是民主主义和法西斯主义及军国主义混杂的时期。本来民主主义和法西斯主义的行动原理是相悖的，但是自1926年12月进入"昭和"初期，为实现构筑国家总体战体制这一目标，民主主义和法西斯主义结成一体形成了互补关系。而到了1930年以后，从准战时体制向战时体制过渡的过程中，民主主义以至起到了动员民众参战的作用。

另一方面，回顾1989年1月开始进入"平成"这二十年期间，可以说战败后按新宪法体制确立的民主主义在20世纪末开始受挫，这么说并非言过其实。或者说这期间民主主义脱胎换骨，发生了实质上的变化。乘此机会，保守政权显露出推行法西斯主义和军国主义的倾向。并且，这期间中国及其他各亚洲国家和地区经济发展迅速，日本作为"经济大国"的绝对地位动摇不定。由此一来，日本国内，也出现了对这些新兴诸国实行抵触排外的民族主义势力。纵观这一时代的变化过程，令人感到"平成"的二十年期间与"昭和"初期的二十年期间的政治、社会极其相似，就好像日本帝国摇篮的"昭和"初期被复制到了"平成"时期的感觉。

第二个共同点就是，军国主义思想强化，事实上为军部介入政治奠定了基础。尽管这么指责，也许大多数读者对此并没有明显的感受。在此，让我们再回顾一下"昭和"时期。昭和初期的二十年间，日本持续不断地向中国增派兵力。这是适应于日本资本主义的膨胀而采取的政治行动，同时，也是为了消除国内矛盾的政治行动。从满洲事变开始经过卢沟桥事件直到日本战败为止，日本帝国的军事行动从未间断过。巨大的军事预算给国民生活带来了沉重的负担，现实生活中民众对政治不满、处于经济贫困状态。为此，试图以军事行动来扭转这种困境。这种选择形成了"恶性循环"的体制。这是日本帝国的病理。

那么，"平成"二十年期间是怎样的呢？进入"平成"时期，充实完善了一系列的军事法制（即所谓的"有事"相关法以及伊拉克特别措施法），开辟了向海外派遣自卫队的通道，并向伊拉克派遣了陆上自卫队和航空自卫队。奥巴马执政伊始（2009年1月），为适应美国的战略，日本开始考虑加大对阿富汗的援助，并且以打击索马里海盗为由强行向海外派遣海上自卫队，突出其为国际社会作"贡献"的战略意图。日本的自卫队不是为了保卫日本领土不受侵犯才设置的军队吗？！此外，如今美国引发的金融危机给包括日本在内的国际经济带来沉重的打击，日本也陷入了深刻的经济困境。迄今，日本与美国建立了一系列的依存关系，从而确保了日本在亚洲的政治和经济上的优势地位。那么，按照"日美同盟"，只要"美国有求"，日本就要唯命是从、必须向海外派兵吗？或者说只要打着"国际贡献"这一美名，就可以容忍自卫队向海外派兵吗？这种对事关重大的原则问题不加任何讨论、让自卫队的"海外派遣"变为既成事实的做法，使自卫队武官们期望尽快实现国防军自立的目的和意图昭然若揭。在此如果不能悬崖勒马的话，那么也许将会重演"昭和"的历史。

序章　日本帝国的原型及其复活

日本帝国的复活

我认为，对昭和初期的二十年和平成时期的二十年，可以用"日本帝国的持续和复活"这一关键词来加以概括。这是本书的中心课题。以下，简要地概括和介绍一下本书论述的内容。

昭和初期，为了建立总体战国家，"革新官僚"岸信介四处奔走，又因岸信介是前首相安倍晋三的外祖父，所以到了平成时期，岸信介再次成为舆论关注的人物。满洲事变后，岸信介作为高级官僚当时极想在"伪满洲帝国"建立总体战国家。对于岸信介来说，伪满洲帝国是日本建立总体战国家的实验场所。在这一方面，岸信介和当时任关东军宪兵队司令官的东条英机串通一气。东条作为统帅陆军统制派[①]的急先锋，也极力想实现建立日本总体战国家的梦想。1941年10月成立了东条英机内阁，岸信介就任内阁商工大臣（副总理级别）。岸信介身兼战时物资动员的统率，希望实现多年来的夙愿。

对于岸信介来说，所谓建设总体战国家，就是意味着不依赖欧美建设自立的帝国。他想要通过"伪满洲帝国"确保建设

---

① 统制派，20世纪30年代日本陆军派阀之一，因主张军队一切行动应由军部中央统制而得名。与之对立的是皇道派，主张进行以皇道中心的精神主义为依据的法西斯式政治变革。——本书审校者注

总体战国家不可缺少的资源市场。同时,将伪满洲帝国最终建成摧毁共产主义国家苏联、确保天皇制国家和平与稳定的军事据点。战后,尽管他被定为甲级战犯罢免了公职,但是在恢复公职后立刻进入政界,最终登上总理大臣的最高职位。岸信介是颇具领导能力、手腕强硬的政治家,同时又是民族主义者、政治上讲究务实。期待日本帝国复活的帮派势力将岸信介视为理想的保守政治家形象,对其大肆赞赏。他们对安倍晋三也曾一时给予很大的期待,希望他能够成为像岸信介一样的政治家,但是安倍才能不及,未能担起重任,之后又将期望寄托于麻生,同样未能如愿、大失所望。

如果说岸信介是日本帝国复活的火车头的话,那么具体地体现日本帝国精神和思想的就是靖国神社。靖国神社的作用,是为天皇发起的战争中的"阵亡者"提供祭祀场所,作为天皇的恩惠将其"合祀"在靖国神社,对"阵亡者"的献身精神加以颂扬。合祀在靖国神社的阵亡者,其生前的社会地位、头衔以及功绩等一概不计,在天皇之名誉下获得了平等和均等。这是"一君之下万民平等"("一君万民")的思想,在这里编造和鼓吹所谓虚构的"天皇平等主义"。

将动员参与总体战、为总体战献身捐躯的日本人,死后看似平等地一起合葬,靖国神社的"合祀"作用发挥着极大的效用。也就是说形成和确立了这样的"靖国思想",即,如果为国家和天皇献身的话,就可以从世俗社会的不平等及差别、歧视、压抑、贫困等中得以解脱。

因此，靖国神社起到了将国家和民众一体化的政治功能。在如今日本向海外派遣自卫队的情况下，又重新开始强化靖国神社的这种功能。靖国神社准备为将来的"阵亡者"提供"合祀"，为他们哀悼、颂歌，由此一来，也许终究又会导致无条件地宣扬和美化为日本帝国的献身精神和文化。必须指出的是，这方面也与昭和初期极其相似。

再次宣扬靖国思想，是由于存在着战前和战后连续性这一课题。不言而喻，战后在继承战前的权力和思想方面天皇制起到了决定性的作用。通过高度的政治策略考虑设计出来的"圣断"，战前的帝国天皇制在战后也一如既往、原封不动地作为象征天皇制保留下来。并且，支撑天皇制的战前主要的官僚和军事机构也改头换面得以残存和维持下来。

昭和初期的天皇基本上坚持亲英美路线，表面上摆出立宪君主的姿态。但是在满洲事变时裕仁天皇却说"朕为忠烈嘉奖"（《给关东军的诏敕》，1938年1月），以此对关东军予以最高的赞扬。满洲事变是昭和时期日本帝国最初的侵略战争。天皇认同了军部的侵华策略后，打着统帅权独立招牌的军部开始了自主行动。在天皇自身酿成的军部自主行动的状况下，日本帝国不久即摆脱了对英美的依存，开始向建设自立帝国的方向转变。其结果，导致与英美的对立及其战争。

战败后日本重新恢复了亲美路线。所谓日美一体化的日

我们的战争责任
历史检讨与现实省思

美安保体制从根本上支撑着战后日本的政治经济体制，自卫队一直处于同盟军的地位，担负着美军一部分军事任务。特别是20世纪90年代以后，日本经济发展停滞，在亚洲的地位相对低下，显然要更加倚重于日美军事同盟。但是，对上述自卫队的行动，自卫队内部一些武官开始表示出不满和反对。那就是2008年11月，航空自卫队幕僚长田母神的获奖论文及由此引发的争议。在此，让我们再来看一下田母神的问题。

对"昭和初期"的怀恋

从"田母神"论文出台的背景来看，是自卫队内部长期以来一直不断地主张"历史否定论"的结果。那么自卫队内部的教育课程，究竟是在讲授什么样的历史观呢？从与旧军队有着连续性这一视点考虑，应该对以前的教育状况稍作考察。

从警察预备队（1950年8月设立）到保安队（1952年10月设立），在重整军备的过程中，仿照美军的装备和编制，确定由总理大臣掌握军事统帅权。并将防卫行政纳入内阁行政权之下，确立了以欧美式民主主义体制为前提的防卫组织。警察预备队和保安队在装备和组织方面具有浓厚的军队色彩。因此，毫无疑问这是与现行宪法相抵触的武装组织。

但是，在此想要指出的是，与旧军队"建军精神"的关联性。比如，根据1953年2月编制的保安队内部文书《关于现阶段军队建设的内部文件》,"新时期的军队须是以世界最高道义为本的真正武装,军队以维护我民族之生命、坚守正义、保卫国家为使命,应为世界和平和国家正义作出贡献",将保安队这一"新的军队",确立为名副其实的捍卫民族和国家的武装力量。

并且,在该文件的"附录7 保安队的实际状况"中写道,"过去的日本军队以忠君爱国精神为基本贯彻如一。……今日的保安队缺少这种精神"。在此,身为保安队干部的旧军人编制的这一文件表现出的忧虑是,保安队与旧军队不同,缺少坚固不动的精神基础。而且从现实来看,并不能像旧军队那样直接以天皇为精神基础,由此着重强调民族自豪感和理性的爱国心、对国家的忠诚心。

实际上,到目前为止,自卫官的精神教育是以"爱祖国、爱民族、反共教育"为三项基本。但是,其结果是,这些"基本"最终导致了狭隘的民族中心主义和排外主义,成为阻碍现行宪法确立的实现国际合作和国家和平的一大桎梏。从这一意义上说,很难说真正吸取了战前军国主义的反面教训。

"爱祖国、爱民族、反共教育"在自卫队干部的意识中也是一脉相承。曾担任海上自卫队干部学校校长的海军将校筑土龙男指出,最重要的是集中加强防卫的对象,这正是防卫战略的重要问题,明确主张防卫对象是"国土"(《海干校评论》1971年9月号)。这里所说的"国土",认为是指作为地理空间上的领土、领海、领空。另外，在陆上幕僚监部所编《精神教育（陆士本技用、陆士训练用）》（1962年刊）中，强调自卫官根本的精神、思想教育在于"日本民族的优秀性"和"理性的爱国心"。

此外，希望自卫队以天皇为精神基础，将天皇视为"统一自卫队员的象征"①。从中可以窥见，通过将天皇视为统一自卫队员的象征，最终想要重新将天皇确立为"最高司令官"的欲望。

名曰自卫队的"军队"，决不是政治上处于中立的组织，甚至自卫队曾自我主张自身是反共实践的装置。例如，也有这样的主张："在政权向社会党为首的左翼政权转化时，对此作为国民的意志并不是顺从地接受的。因为自卫队是现有的自民党为中心的政权，即处于议会制民主主义政权的前提下编成的，假定出现政权转化的情况下，会有许多人不愿为其效力而离去。"②其中透露了反共主义思想。只承认自民党政权这一认识本身，就是极大地背离了开放的国家中军队保持中立这一基本姿态。

特别是在裕仁天皇葬礼（"大丧之礼"）后，自卫队官兵中天皇的追随者们心中长期压抑的情感一下子迸发出来。本来自卫队就具有捍卫现体制（守护体制）的国家暴力装置这一性

---

① 《军事研究》1989年3月号，〔日〕栗栖弘臣论文。

② 《军事研究》1989年11月号，〔日〕增冈鼎论文。

格，但在天皇葬礼后好像表现出比以往更为强烈的自觉意识。根据前统合幕僚会议①议长栗栖弘臣及前东部方面总监增冈鼎等自卫队武官高级将校的发言来推断，自卫队中大多数现役高级将官和中层骨干都抱有类似的天皇观，毫无疑问他们自觉地认为，自卫队的"使命"就是捍卫保守体制。

以此来看，此次田母神问题的出现有着深刻的背景，也是极其严重的问题。日本负有建设战后和平国家、和平社会的国际责任，即使从这一观点来看，对田母神及其类似的主张也是不容姑息和忽视的。

自立和一体化的并行

20世纪90年代后期开始加速推进的强化日美同盟路线，自向伊拉克派遣自卫队前后进入了新的阶段。日美两军开始合为一体共同作战，完善了共同的军事运营体制。在这一意义上，自卫队已经名副其实地起到了"军队"的作用。

在这一过程中，自卫队脱离文官统制的倾向愈加显著。比如2004年6月16日，在防卫厅长官石破茂及防卫厅内部部局②成

---

① 统合幕僚会议，日本防卫长官的参谋机构，即参谋长联席会议。议长为自卫官中最高军衔的将官。——本书审校者注

② 部局，在日语里指政府机关内局、司、处、科的总称。——本书审校者注

我们的战争责任
历史检讨与现实省思

员及统合幕僚会议议长为首的自卫队武官干部出席的会议上，海上幕僚长①古庄幸一明示了题为"向统一运营体制转变时期的长官辅助体制"的文件，发生了要求重新考虑防卫厅内部部局统一管理武官的日本式文官统制的事件。也就是，要求武官脱离防卫厅内部部局的管制，在某种程度上应该给武官一定的自由裁量权。

具体来说，就是想要确立一种武官可以向最高统帅的内阁总理大臣直接呈报意见的制度，防卫厅内部部局的领导和武官的领导不是管制与从属的关系，应该是具有平等权限的对等关系。对于自卫队来说，其真实意图是想要减少阻碍自由地参与和美国共同作战的因素，积极推进海外日美联合作战行动。

但是，对自卫队武官的意图起着阻碍作用的是宪法第九条②，是战前军队施行了侵略战争这一历史认识。在他们看来，不从这一"禁锢"中解脱出来，就不能实现"自由派兵"和"国际贡献"。因此，已经无法继续忍受"禁锢"，想极力摆脱这一束缚。

---

① 海上幕僚长，相当于海军司令。——本书审校者注

② 《日本国宪法》第二章（"放弃战争"）即第九条规定："日本国民衷心谋求基于正义与秩序的国际和平，永远放弃以国权发动的战争、武力威胁或武力行使作为解决国际争端的手段。为达到前项目的，不保持陆海空军及其他战争力量，不承认国家的交战权。"——本书审校者注

是宣扬"国际贡献"的实际成果,在实现修改宪法之前一直耐心地等待呢?还是积极地宣讲宪法解体论和否定侵略战争论,尽早实现中间突破达成目标呢?对此,自卫队武官中存在着不同的看法。可以肯定地说,武官的核心是确切无疑的日美协调派(=强化日美军事同盟派),而另一方面,事实上在自卫队内部,也存在着反对从属美国的自主派。

日本政府向海外派遣自卫队——但事实上在向"战斗地区"派兵时,自卫队不是作为美国的"雇佣军",而是冠以"国际贡献"和"消除恐怖"的美名,是在"保卫日本国家"这一大义名分之下派兵的,这种解释提高了自卫队官兵的士气。同样,这与为稳定被派遣的自卫队官兵的军心打出靖国神社一样,在某些方面有着相同之处。在这一点上,存在着与战前同样性质的国防民族主义,同时,事实上以国防民族主义为前提的日美共同军事行动,在某种意义上来说又是矛盾的。

前航空幕僚长田母神的言行遭到了美国的反对,也许使美方产生了警戒之心,但是可以说又暴露出了为了发展日本的武装,只有求助于国防民族主义别无其他选择这种矛盾。对于他们来说,必须重新评价日本过去的战争是"善意的国防民族主义"支持下的"正义战争"。不管田母神自身意识如何,作为一名"自主国防派"的高级将官,其本人为发展日本的军事武装采取了积极自觉的行动。

"田母神论文",一边否定侵略战争,同时强调与旧军队的连续性,并主张修改否定旧军队历史的现行宪法。其目的是,修改宪法使自卫队跃升为国防军,最终达到重新考虑日美安保,在自主国防的方针下实现脱美。由此,要大力提高自卫队员的士气,同时向全体日本国民灌输"国防意识"思想。即使并不是所有自卫队高级将官都抱有这样的认识,但是目前自卫队在发展军事方面处于日美共同体制和国防民族主义同时并存的状态。

为什么时至今日,像"田母神论文"所主张的日本没有侵略亚洲这一荒唐的历史否定论依旧反复重演呢?我们决不能无视和放任这种荒唐的言论,重要的是必须认真地追究其深刻的背景。在任何时候,都不能容许歪曲和否定历史,要真诚地面对历史事实。

"田母神论文"出现的背景与日美安保有关。以冷战结构为前提的日美安保,不仅是日美经济军事同盟,同时事实上也使日本逃避了战争责任、将日本对亚洲侵略的历史事实搁置起来。我们必须自觉地认识到日美安保是导致历史否定论重演的一大因素。到目前为止,日本没有与过去侵略过的各亚洲国家和解的主要原因在于日美安保。日美安保在日本和亚洲诸国之间形成了一道屏障,正因为这一屏障,日本得以逃避了侵略亚洲的战争责任。我认为首先必须要确认这一点。

序章 日本帝国的原型及其复活

政治、宪法和自卫队

日本宪法规定不容许保有军队。遵照宪法这一原则，日本不能保存军队组织，因此应该没有必要担心文官统制（文官对军队实施的统制）。但是，事实上，日本拥有约24万名陆海空官兵的名曰自卫队的军队。不管怎样，确实存在的这一武力集团必须置于文官统制、监视之下。因此，建立健全文官统制制度是不可缺少的。

我们必须强化文官统制的机能，重新对民主主义和军队共存的是非问题加以讨论。日本真的有必要保有自卫队吗？假如说有必要的话，那么必须探讨需要什么样的组织？需要多大规模的军事力量？但是，可以说现在的文官统制陷入功能不全的状态，这么说并非言过其实。其原因并不仅仅是因为自卫队武官对文官政府的"反抗"。更确实地说，是统治自卫队武官的文官（=政治家和一般市民）方面潜伏着重大的问题。

自民党众议员、曾历任防卫厅长官、防卫大臣等要职的石破茂，在2003年任防卫厅长官时召开的一次自卫队高级干部会议上训示道，自卫官就有关政治问题"陈述意见是权力、是义务"。前航空自卫队幕僚长田母神领会遵从了这一训示，在自卫队内部杂志上写道，陈述意见"因为是义务，意识到问题而不发表意见的话，就是不履行义务"。并且还说，"栗栖发言①,当时说的话成了问题,但是今后不说会是问题"。

石破防卫厅长官的这一训示,不禁令人想起战前促成军部向政治介入的"南次郎(1874-1955年)的训示"。当时担任陆军大臣的南次郎于1931年8月4日在军部司令官、师团长会议上训示道,为了积极地解决"满蒙"(满洲、蒙古)问题,军人有必要参与政治。在此之前,要求军人保持政治中立,但是以南次郎的训示为契机,军部公然介入政治。"满洲事变",是这一年9月18日驻扎柳条湖的关东军策划而引发的,这应该留存在人们的记忆中的。

另外再举一例。2004年6月16日,在防卫厅长官和防卫厅内部部局干部、以及统合幕僚会议议长为首的武官干部出席的会议上,海上幕僚长古庄幸一提出重新考虑文官对武官的统制时,石破防卫厅长官回答道"有必要研讨",对海上幕僚长的建议表示了积极的肯定。

随着东西冷战体制崩溃自卫队所假定的敌对国消失了,但是之后,自卫队参加柬埔寨以及东帝汶的联合国维持和平活

---

① 栗栖发言,1978年7月时任统合幕僚会议议长的栗栖弘臣在会见记者等场合说,由于没有关于防卫出动前自卫队行动的法规,因此"受到奇袭攻击时,要根据自卫队第一线指挥官的判断超法规地采取行动"。这一发言遭到日本在野党一致反对,时任防卫厅长官金丸信被迫以"给文官统制带来误解"为由撤换了栗栖弘臣。——本书审校者注

动，向印度洋以及伊拉克派兵等积累了一些实绩，在强化日美同盟的政治中，自觉地认识到自身的作用，增强了发言力。这期间，桥本龙太郎内阁对日美安保重新定义，开始充分发挥自卫队的作用。在此之前，根据"事务调整训令"，禁止自卫队武官与国会议员及其他省厅官员的联络交往，桥本内阁废止了这一训令，从而导致了武官和政治家接触的机会增大。进而，2001年美国"9·11事件"之后，以协助美国担负"对恐怖战争"的部分任务为正当理由，自卫队参与政治的机会遽然增大。

本来，按照防卫省内部部局的立场应该对武官加以控制，可是由于前防卫事务次官守屋武昌的渎职事件，出现了管理上的漏洞和空隙，在此情况下出现了田母神的问题。在这些诸多因素相互牵连交错中，可以看出，自卫队武官公开表明政治主张，想要瓦解文官统制。根据现在正在研讨中的防卫省的改革方案，直接辅佐防卫大臣的职位不仅任用文官也启用武官。也就是说，由政治家的意志决定选用文官和武官，两者处于同等地位。如果这一方案得以实现的话，文官统制武官所意味的文官统制将进一步形同虚设。再进一步说，就是意味着武官对政治介入的制度化。近年来，政治家和官僚的领导能力明显地"退化"。不仅是防卫省的官僚，政府官僚在退休金问题等方面违法渎职行为也有目共睹，令人愤慨。在这种状态下，武官想要乘机进入政治舞台，如果

我们的战争责任
历史检讨与现实省思

对此容忍放置的话将是十分危险的。

透过上述的自卫队和政治家的关系，令人感到以"昭和"初期的二十年为原型的"日本帝国"，经过"平成"时期的二十年正在重新复活。对此，我们不能只是感到惊恐不安或漠然旁观。为了承担应尽的战争责任和历史责任我们能够做些什么呢？现在正是需要我们再次扪心自问的时候了。这也正是贯穿于本书的课题。

第一章

帝国天皇和象征天皇

—— "圣断"论和天皇的免责

"切断论"和"连续论"

战后,日本人以为以战败为界限,将战前和战后分隔开了。有些人认为由于战前战后分断开了,从而为开始新的战后做好了准备。这是所谓的"切断论"。在此又存在着多种认识。例如,其一是,不再重复卑劣的军国主义时代,汲取过去的教训和对未来的憧憬混杂在一起。超越痛苦的战争经历,努力与过去诀别。与此相反,另一种"切断论"的认识是并不全面否定战前,面对战败这一现实,有种负疚感,想要从这一负疚感中摆脱出来而主张"切断论"。

那么这是否就是战后一般的日本人共同的认识呢?其实并

非如此。这种认识可以说是想逃避战争这一历史事实的消极的感情。与此相反，也有很多人认为战前和战后只不过是以战败为界线加以区分的，战前和战后是连续着的。也就是说，只是战争这一历史事实结束了，而以天皇制为中心的日本这一国家的形态和本质是没有改变的。

由于战争，的确从表面上看日本国以及日本人也许发生了一些变化，但是核心的部分没有任何改变。天皇制从专制主义天皇制变为象征天皇制，实行了"天皇制的民主化"，这是难于否定的。但是，过去的太阳旗及君之代，现在都已经通过法律定为日本的"国旗"、"国歌"。

现在已经很少见了，但在战败后不久，各家的壁龛里装饰着天皇的"御真影"（玉照）是极其普遍的现象。即是现在，象征天皇的"菊花徽章"仍保留在日本护照的封面上等。和日本同样成为战败国的意大利和德国，战败后都改写了国歌和改变了国旗，与此相比，有一种主张认为，日本没有因战败对战前进行全面否定。这是说明战后日本人的"连续论"的有利论据。

总之，持有"连续论"这种认识的人，不接受亚洲太平洋战争是"战败"这一结论，而是将其视为"终战"或者"战斗的终结"，以这种中立的态度表示对战败的理解。此外，即使自己内心承认是侵略战争，但是认为战争的发起，是合理和正当的，是崇高的行为。他们反复主张，向美国投降是事实，但是那并不能诋毁正当而崇高的战争目的，日本的战争行为应该受到国内外的称颂，即所谓的"大东亚战争肯定论"。

2008年11月卸任的航空自卫队幕僚长田母神就是持有这种观点的人，而现在这样的人决不是少数。争议最大的靖国神社参拜问题引发了历史认识问题，而像上述的各种奇谈怪论是通过各种形式精心装扮出现的。在此，似乎可以看出其隐晦的政治意图，即对战后民主主义进行全面的否定和批判，想要改变战后的政治体制。表面上采取为了否定战后从而肯定战前这一形式，实际上，强烈地希望将战后的日本完全回归到战前。但是，现代日本社会战后出生的人达七成，即使是称赞回归战前志向的民族主义者想要"创造新的战前"，毕竟是枉费心机，是绝对行不通的。尽管如此，在目前越来越多的人对政治漠不关心的现状下，为了想要创造新的战前，究竟需要什么、需要做哪方面的准备——实际上抱有回归战前想法的人也并没有确实可行的方式。

保留天皇制引发的问题

实际上，我本人也持有"连续论"的观点。但是，与上述的"连续论"截然不同。最主要的是，我坚持的"连续论"坚决反对想要创造新的战前的意图，因为无论是复权还是回归战前，如果这种复旧意图得逞的话，就势必重蹈覆辙，再次陷入战争这一暴力国家的歧途。侵略战争所施行的种种残暴的加害行为，直到今日也不能消除战前日本的国家体制，这主要有以下理由。

第一，因为存在着天皇制。正因为有天皇制，战前国家体制（"国体"）变换了形式战后继续保存了下来。之所以会有如此结果，是由于天皇的决断（即所谓的"圣断"）这一高度的政治战略的功劳宣告了"终战"。"圣断"不仅仅继续保留了天皇制，而且也保留了天皇制国家固有的思维方式和组织（特别是官僚组织），这些都原封不动地带到了战后。因此，最终岸信介所代表的战前的高级官僚、阁僚得以复权。从这一意义上可以说，"圣断"起到了连接战前战后的桥梁作用。

第二，裕仁天皇以及陆海军军人领导了那场侵略战争，而发动这场战争并不是通过由国民的意志来投票决定的。所以，这场战争成了国民不在的战争。因此，在国民之间缺少战败责任以及对承担战争责任的自觉意识。国民与这场战争的关系，往往认为是"被害者"、"受了欺骗"这种缺少主体的表现，对此，在遭受日本侵略的各亚洲国家以及日本殖民地地区的人民看来，日本人根本不能坦诚地看待自身是加害者这一事实。明治宪法下的"臣民"只有遵从天皇之命这一辩解，也并不能解脱自身是加害者的历史事实。

第三，由于"圣断"免除了裕仁天皇的战争责任。战后向日本人明确谁对这场战争负责、弄清楚侵略战争的责任主体是极其重要的。否则，就不会开始真正意义上的新的启程。但是，由于"圣断"使战争的责任问题变得暧昧，本来天皇应该是最主要的战争责任者，反倒成了最大的和平贡献者，成了正反颠倒的一百八十度的大转换。并且，战后一贯地强化"和平主义天皇"的假相，甚至促发了人们对日本战前时期的怀恋。靖国神社则是其中一个方面，是提倡对"神道之国"日本的憧憬。对这些问题，如果不能正视和论述的话，日本人就难以从战前状况中解脱出来。

明治国家的政治体系

那么"圣断"究竟是什么呢？圣断与战前国家(=明治国家)的国家结构有着密切的关系。所谓战前国家，就是天皇至高无上，军部、议会、官僚等各个机构并行分担一定权力的分权体制。也就是说，是权力分化的多元联合统治的国家。而在分权体制、多元联合统治的结构中，由于各种权力之间为维护和扩大各自利益、不断地相互对立和妥协，常常出现政治混乱的状态，不断出台一些自相矛盾、缺乏战略的国家策略。如果想要确立统一的、一元化的国家战略，凌驾于诸权力之上的"大权"保持者天皇开始发挥了主要的作用。

明治宪法的策划制定者伊藤博文（1841-1909年），认识到了这种国家结构的特征和弱点。正因如此，他提到，在日本面临存亡危机之时，"有必要通过诏书（天皇的文书）明示圣断"[①]，基于明治宪法体制的分权制，通过"圣断"能够协调各个权力机构以及决定国家战略方针。不言而喻，天皇是战前国家的最高权力者，把握最终决断的权力，一个政治机关以及一个政治体制是天皇制的基础。伊藤博文采用了各种相互竞争的权力结构中保持天皇制统治国家体制（=国体）的形式。

明治宪法制度下，天皇平时作为立宪君主，按大日本帝国宪法（明治宪法）的条文规定施政，而有事（战时）之时，则作为绝对君主，有时甚至超越明治宪法采取对应决策。也就是说，明治宪法制度下的天皇，一方面阻止了因分权体制天皇以外各权力的膨胀，另一方面，由于分权体制导致国家方针缺乏统一的决策力，通过"圣断"得以强化补充。换句话说就是，按照不同的情况，分别使用平时立宪的天皇制和战时绝对的天皇制，从而更加有效地运营天皇制国家。事实上，在二·二六事件[②]（1936年2月）及决定日美开战（1941年9月）、宣布

---

① 〔日〕信夫清三郎：《圣断的政治学》，劲草书房，1992年。

② 二·二六事件，1936年2月26日日本发生的法西斯军人政变。——本书审校者注

战败（1945年8月）时，裕仁天皇通过"圣断"下达了最终决定，成功地消除了各权力间的对立和角逐。

"圣断"导致战后的"战前化"

战后的"战前化"究竟是怎样形成的呢？

起动"圣断"政治体制的是"御前会议"①，而"御前会议"并不是立法机构。"御前会议"是天皇出席召开的。通常是事前与会者之间确认议事内容和议程，结论也是基本上事前准备好，征得天皇同意之后通过的。但是，在决定战败的过程中，与会者之间事前没有充分取得彼此沟通，最终完全采取了天皇"圣断"的形式。但是，虽然是采取了全权委托天皇的形式，毫无疑问，实际上由内大臣（具有政治发言权的大臣）为中心的天皇的亲信与天皇之间基本达成共识之后做出的"圣断"。问题是，对混沌未决的议案利用把握"大权"的天皇做出"圣断"这一政治体制来解决。也就是说，以内大臣为中心的天皇的亲信，从政治上有意且充分地利用了"圣断"的政治效果和天皇的权威。

下面来看一下通过"圣断"宣布战败接受投降的过程。在

---

① 御前会议，第二次世界大战前日本天皇出席在宫中召开的商讨重大国事的最高会议。——本书审校者注

战败那一年的1945年7月26日,美、英、中三国在波茨坦会议过程中发表了包括13项内容的《波茨坦宣言》,促令日本投降。在《波茨坦宣言》中,针对天皇的处置并没有明确的条款,其中提到,基本上按照"日本人民自由表示之意志成立一倾向和平及负责之政府"。天皇及其亲信从这句话中意识到维护天皇制统治国家(=守护"国体")是不可能的,对接受《波茨坦宣言》表示拒绝或踌躇。铃木贯太郎(1867–1948年)首相在会见记者时拒绝接受宣言,表现出了向拒绝接受宣言的急先锋——陆军主战派妥协的态度。另一方面,裕仁天皇对苏联做中介进行和平交涉抱有一线希望。

《波茨坦宣言》不是以对日本进行报复为前提的,例如,第四项中提到战争的原因,对于"由于轻率的企图导致日本帝国陷入灭亡深渊的军国主义倡导者"的战争领导者,追究其战争责任。依照此情况,战后由日本国民自己判断,切断"军国主义的倡导者"实行的统治,关系到"日本国是否应该选择理性道路,这一决定性的时期到来了",日本国和日本人民自己当家作主,期待着建设民主政治。也就是说,《波茨坦宣言》可以说是促进日本战后实现和平的指导性的宣言。正因如此,天皇身边的智囊团没有能接受这一《波茨坦宣言》的内容。他们担心的是,那将会导致军国主义体制的解体,如果建设民主主义体制的话,守护"国体"将会是困难的。接受《波茨坦宣言》之前的裕仁天皇说"还是把伊势和热田的神器移到自己身边做护身符最好"①,亲自固守在长野县松代的大本营中,表明了坚持彻底抵抗的姿态。

但是,8月6日和9日美国在广岛、长崎投下两颗原子弹,接着9日苏联参战,裕仁天皇及其身边亲信动摇了。天皇及其亲信唯恐由于苏联参战国际共产主义的渗透以及国内共产主义革命的发展,迅速地转向了接受《波茨坦宣言》的姿态。如果拒绝接受要求日本无条件投降的《波茨坦宣言》的话,对至今守护"国体"抱有的一线希望甚至也不得不放弃。同时,通过接受《波茨坦宣言》,阻止苏联共产主义的渗透和影响,就能争取维护"国体"基础的天皇制权力及各机构,出于上述考虑最终开始做出了接受宣言为上策的判断。

战败和"圣断"

采取"圣断"方式的建议最初是谁提出来的呢?现在可以确认的是,前外相重光葵(1887-1957年)提出的"此时不是依靠对军部缺少控制力的政府,而是由陛下直接地做出相应的决断"②这一建议。重光主张,通过天皇的决断即"圣断"抑

---

① 〔日〕木户幸一:《木户幸一日记》下卷(1945年7月31日),东京大学出版社,1966年。

② 《重光文书——和平的探求 之三》,日本外务省编《终战史录4》。

制战争继续派(特别是陆军主战派),通过接受波茨坦宣言结束战争,探索守护"国体"的途径,是应该竭尽全力的选择。

重光与直到最后没有下决心接受宣言的裕仁天皇及内大臣木户幸一(1889-1977年)持有不同的看法。除了重光以外,近卫文麿(1891-1945年)、细川护贞(1912-2005年,近卫内阁首相的秘书,其长子细川护熙就任第79代首相)再加上裕仁天皇的弟弟高松宫宣仁(1905-1987年)等当时一直被置于政治领导层圈外的皇道派,也都主张和建议采取"圣断"作为守护"国体"的最后手段。其中,高松宫是最早主张通过"圣断"方式结束战争的人之一。

高松宫在战败前一年(1944年)的9月18日,提到"结束战争的着眼点在于守护国体。玉碎则不能守护国体。而即使玉碎也不能连妇女儿童也置之不顾"①,主张结束战争的目的在于"守护国体",否定陆军主战派等提倡的"玉碎主义"。进而,近卫文麿在战败前的1945年2月14日谒见天皇,实行有名的"近卫上奏"。其上奏的内容是,"战败令人遗憾,但已经无法避免。战败是我国体的一大瑕疵,但是英美的舆论尚未触及我国体的变革,因此只是接受战败,国体方面不必担忧"②。这也是为了绝对地优先守护"国体",有必要接受"战

---

① 〔日〕伊藤隆编《高木惣吉——日记和情报》下卷,水篱书房,2000年。
② 〔日〕细川护贞:《细川日记》(1945年3月4日),中央公论社,1978年。

败"的建议。

在守护"国体"这一点上,无论是从陆军主战派坚持的战争继续论来看,还是高松宫以及近卫等所代表的皇道派坚持的战争结束论来看,两者是完全一致的。只不过作为实现守护"国体"的方式有所不同,前者是坚持通过继续战争取得胜利来实现,而后者则是通过接受战败以努力守护"国体"。在围绕《波茨坦宣言》条文的解释,两者争执不休的情况下,近卫以及高松等果断地向倾向于继续战争的天皇进言,争取天皇对接受战败换取守护"国体"这一政治判断的理解。

例如,对于继续战争依旧不改口的天皇,近卫在会见天皇时进言道,"如果不结束战争的话会有国内赤化、共产化的危险"①,用近似恐吓的语言迫使天皇回心转意。裕仁天皇最信赖的内大臣木户幸一是地道的继续战争派,但面对近卫等所持有的这种强硬态度,也不得不向天皇进言道,"恳请天皇陛下做出果敢的决断,相信只有采取'左'的方针才可顺利地收拾战局"②,由此提出了"果敢的决断"=圣断的脚本。

近卫和高松宫设计构想、木户进行了具体策划以迫使裕仁天皇做出圣断,主要出于两个目的。第一,从陆军主战派那里

---

① 〔日〕伊藤隆编《高木惣吉——日记和情报》下卷,"近卫公爵口述记录",1945年5月13日。

② 〔日〕伊藤隆编《木户幸一日记》下卷,2000年。

收回战争的主导权,确保皇道派的实权。第二,即使出现战败局势,无论如何也要避免体制(天皇制统治的国家体制＝"国体")崩溃的危机。其结果就是,重新建立以皇道派为中心的战后权力体制。事实上,由于战败,以陆军主战派为核心的军部的权势崩溃了,但是军部以外的诸势力,在权力至高无上的天皇下达了超越宪法的决断——"圣断"的庇护下保存了下来。通过"圣断"得以幸存下来的战前诸势力改换新装,作为战后保守势力复活,把握着战后日本的政治。

按照新宪法规定,天皇不参与政治。但是,天皇的存在依然时常左右着日本人的精神。战后保守势力强调天皇的权威和对天皇的亲和力。根本上还是由于采取"圣断"宣布战败这一历史事实。也就是说,"圣断"起到了连接战前和战后的桥梁的作用。由于战后的保守势力是在"圣断"的庇护下保存发展起来的,因此,可以断言追究裕仁天皇的战争责任以及侵略责任是根本不可能的。明治以后的天皇制一贯充当了近代日本战争的统帅,但是,如果将裕仁天皇视为战争发动者、亚洲诸国人民的加害者的话,那么受到天皇制保护的战后保守势力本身也要负有战争责任,并将持续地遭受指责和批判。因此,将裕仁天皇誉为亚洲的解放者,是使大日本帝国跃居为亚洲"头等国"的最大的、唯一的功臣,直到如今依然一直坚持这种历史认识。

正因为如此,形式上的谢罪行为另当别论,战后保守势力一贯地从根本上拒绝战争责任和加害责任。如果不能够从正面剖析"圣断"的虚构性及其政治作用,根据历史事实对其加以否定的话,那么战后保守势力也将不会坦诚地反省战争责任的吧。

"终战诏书"

1945年8月14日下午10点半开始,裕仁天皇在宫中与阁僚一起召开了战争最高领导联合会议——"御前会议"。在此会议上,铃木贯太郎首相上奏了"圣断",以答复此上奏的形式,裕仁天皇明示"有关国体敌方也会予以认可,没有丝毫不安"[①]。之后,内阁会议采取接受"御前会议""圣断"的形式,正式决定同意接受《波茨坦宣言》,宣布向同盟国投降。并且,为了向国内外宣布结束战争,写了"诏书",当天下午11点半天皇亲念"诏书",进行了录音。第二天中午进行了播放,即所谓的"日本昭和天皇亲自在广播里做的演讲"(1945年8月15日宣布无条件投降)。从中,能够透露出编制"圣断"脚本的皇道派的姿态,同时念诵"诏书"的裕仁天皇缺少战争认识和战争责任意识如实地表露出来。

《诏书》(原文使用的是片假名,旧字旧假名)
　　朕深鉴于世界大势及帝国之现状,欲采取非常之措施,

---

① 〔日〕原书房编辑部编《战败的记录》;原书房,1967年。

收拾时局，兹告尔等臣民：朕已饬令帝国政府通告美、英、中、苏四国，愿接受其联合公告。

盖谋求帝国臣民之康宁，同享万邦公荣之乐，斯乃皇祖皇宗之遗范，亦为朕所眷眷不忘者。前者，帝国之所以向美、英两国宣战，实亦为希求帝国之自存于东亚之安定而出此，至如排斥他国之主权，侵犯他国之领土，固非朕之本志。然交战已逾四载，虽陆海将兵勇敢善战，百官有司励精图治，一亿众庶克己奉公，各尽所能，而战局并未好转，世界大势亦不利于我。加之，敌方最近使用残酷之炸弹，频杀无辜，惨害所及，实难逆料。如仍继续作战，则不仅导致我民族之灭亡，并将破坏人类之文明。如此，则朕将何以保全亿兆赤子，陈谢于皇祖皇索之神灵乎！

此朕所以饬帝国政府接受联合公告者也。

朕对于始终与帝国同为东亚解放而努力之诸盟邦，不得不深表遗憾；念及帝国臣民之死于战阵，殉于职守，毙于非命者及其遗属，则五脏为之俱裂；至于负战伤，蒙战祸，失家业者之生计，亦朕所深为轸念者也。今后帝国所受之苦固非寻常，朕亦深知尔等臣民之衷情，然时运之所趋，朕欲忍所难忍，耐所难耐，以为万世之太平。

此朕所以饬帝国政府接受联合公告者也。朕于兹得以维护国体，信倚尔等忠良臣民之赤诚，并常与尔等臣民同在。若夫为情所激，妄滋事端，或者同胞互相排挤，

第一章 帝国天皇和象征天皇

扰乱时局，因而迷误大道，失信义于世界，此朕所深戒。宜举国一致，子孙相传，确信神州之不灭。念任重而道远，倾全力于将来之建设，笃守道义，坚定志操，誓必发扬国体之精华，不致落后于世界之进化。望尔等臣民善体朕意。

《诏书》最初所说的"采取非常措施收拾时局"的结果，指的是"圣断"，提及结束战争的原因时，说明"战局未必好转"，到底没有承认日本战败了这一事实。不仅如此，由于敌方投放的"残酷之炸弹"（指原子弹），造成大量的死伤，如果战争继续下去的话，恐怕不仅会导致日本民族之灭亡，并将破坏人类之文明，因此，由"圣断"拯救一切。也就是说，对为什么投放原子弹的原因和背景一概闭口不论，而只是暧昧地暗示投放原子弹的责任，没有正视导致投放原子弹的国家指导者的罪过。

并且，关于对这场战争的认识，是为了"争取帝国臣民的康宁实现万邦共荣"，以及"帝国的发展和东亚的安定"。由于侵略战争和殖民地统治，给朝鲜、中国等亚洲诸国带来的巨大的生命财产损失，并且也使日本人民饱尝巨大痛苦的这场战争，究竟谁应该对此负有战争责任这一问题被搁置了起来。

不仅如此，还将这场战争说成是为了日本自立和亚洲安定的企图建设"大东亚共荣圈"事业的一环。完全没有使用投降二字，在诏书中完全看不到侵略的事实、战败的结果及深刻的反省。而且由"圣断"结束战争所意味的是，"朕于兹得以维护国体，信倚尔等忠良臣民之赤诚"，相信"神州不灭"重新进行国家建设。即使到如此境地，依然是将"守护国家"、"神州不灭"视为金科玉律。结束战争，天皇制国家的一大事业暂时终止了，但是"臣民的赤诚"，也就是靠着日本国民对天皇的忠诚心，重新实现至今一直追求的目标，以此作了全文的归纳。

就这样，隐蔽了接受波茨坦宣言、无条件投降的事实，并将战争指导、政治指导的最高责任者天皇的责任变得模糊暧昧了。在"终战诏书"中，巧妙地编排了保存天皇制的新的脚本。同时，采用了天皇亲自面向国民宣读诏书的形式，在因战争危害和战败的打击陷入极大混乱的大部分国民中，产生了免除天皇战争责任的心理效果。这一效果，与东条英机等7名甲级战犯被处以绞刑形成了对比，更加鲜明地形成了裕仁天皇的免责论。也就是说，通过维护天皇制战后保守势力得以复活/复权，为此，"圣断"起到了决定性的作用。

"圣断神话"的形成

由"圣断"决定了结束亚洲太平洋战争，对此需要提出几个重要的问题。首先就是根据天皇的意愿开始了日美战争，结

第一章 帝国天皇和象征天皇

束了亚洲太平洋战争。换句话说就是，只有通过超越旧宪法规制的"圣断"这一形式才得以结束战争。针对国家紧急事态，国会和内阁或者巨大的官僚机构，都不能发挥任何有效的机能，只能依赖于天皇的权威，究其原因就在于明治国家的分权体制这一弱点。也就是说为了克服国家的弱点，进而为了超越非常事态，增加天皇把握的大权，即只有天皇这一超越宪法的权威才可能应对。

由于战败本来应该解体的指导战争的主体，以自身的复活为目的，即通过进行所谓的"自我变革"，成功地维持了战前的权利。由此，通过解体军事组织和全面修订宪法等政治变革，天皇制以新的形式保存了下来。诚然，由于战败，天皇的统率权等政治权力丧失了，但是可以说天皇的权威反而由于"圣断"得到了进一步的强化。可是，由于"圣断"决定开战，并决定了战争的结束，使得亚洲太平洋战争的战争责任变得暧昧，同时也使发动战争行为的国家意志变得不明确，这一点是极大的问题。

总之，"圣断"不仅将天皇的战争责任搁置起来，而且将天皇制的体系转移到战后新体制方面起到了重大的作用。在此过程中，不再责问天皇的战争指导责任，天皇制本身得以保留下来。因"圣断"而变身为"和平"天皇，事实上，战后保守势力在其重新组织强化的过程中，对这一"象征"形式的新天皇加以利用。

在这一意义上来说，在将天皇"象征"化的背景中掺杂有

51

我们的战争责任
历史检讨与现实省思

各种政治上的考虑。首先是要使内外认为裕仁天皇或者近代天皇制与政治无关,由此,完全消除天皇是战争责任的主体或者使其变得暧昧。因为对于与政治无关、只是象征性的天皇是不能追究战争责任及其连带责任的。也就是说,制造了这么一种印象,因裕仁天皇不是战争责任者,所以有资格和条件担当"圣断"的主角。不追究实施战争的陆海军统帅天皇的责任,"圣断"起到了最重要的作用。战后,对天皇以及天皇制重新定义,可以说通过"圣断"打开了回避战争责任的通道。

的确,从常识来看,责任者不能追究自身的责任,对自己进行裁判。保守势力利用这种"常识"。战后,流传着许多"和平天皇"论,形成了由于"圣断"带来了"和平",将"日本国民"从战争的惨祸中拯救出来这种"圣断神话"。为了使这种"圣断神话"成立,大肆宣扬和强调作为立宪君主的天皇,将绝对主义的一面掩盖起来。即使裕仁天皇坚持立宪君主制的原则,东条英机、梅津美治郎(1882-1949年,甲级战犯)等陆军主战派也会蛮横地推动亚洲太平洋战争,所以天皇是出于无奈而决定开战的,最后采取"圣断"从陆军主战派手中收取了战争指导权从而结束了战争,像这种编造的虚幻故事在当时的媒体广为传播。

在此,尽力避开裕仁天皇对东条英机深为信赖这一事实。由于是"和平天皇",必须疏远与东条的关系,同时夸大与陆军主战派持有对立关系的米内光政(1880-1948年)等海军稳健派的关系，并强调与近卫及高松等主张以"圣断"结束战争的人的关系。从战后开始直到如今连续不断地歪曲历史的过程中，"圣断神话"左右了战后日本人的精神意识。在东京审判中曾被定为甲级战犯、并被开除公职的战前权力者们，之所以能够恢复公职在政界和官界重新复活，可以说"圣断"起到了一种过滤器的作用。之所以这么说，二战前代表恶势力的权力者及权力机构，通过采用守护"国体"的"圣断"这一过滤装置进行冲洗、换上了新装，战后又以同样的面孔再次登场。

掩盖了日本的侵略责任和战败责任

1950年9月8日，裕仁天皇在会见记者时，就有关记者提出的"日本采取了结束战争的决断，陛下在多大程度上参与了决策？"问题，天皇回答说，"本来这样的决断应该是由内阁决定的。听了报告说，在最后的御前会议上达不成一致的结果，所以要我来作出决定。我按自己的意志做出了决定。"① 也就是说，决定结束战争是出于天皇自身的意志。

另外，1975年9月20日，天皇在回答德国记者伯纳德·克里舍（Bernard Krisher）的采访提问时，也回答说"终战时，

---

① 〔日〕高桥弘编著《裕仁天皇发言录——大正9年至昭和64年的真实》，小学馆，1989年。

虽然是按我个人的意志决定的,那时因总理大臣不能收拾形势,我只是说出了个人的意见。战争之前由于是内阁会议决定的,那些决定了的事情,按我个人的意见进行改变是不可能的,日本有宪法的规定,是遵循了日本的宪法"[①]。

在此,天皇所强调的是立宪主义天皇制论,也就是所谓天皇受到宪法规定的制约这一点。但是,因为面临了国家危机,立宪主义一时被搁置起来,只不过是以"圣断"的形式决定政策,由此不能追究战争期间的战争指导责任,当然不存在战争责任问题。这一逻辑是天皇免罪论的典型事例。包括裕仁天皇自身的这些发言,内阁"正式"决定并上奏的内容,即使是天皇原则上也不能否决。其根据是,大日本帝国宪法第五条规定"国务各大臣辅佐天皇,尽其职责"。辅佐者＝内阁优势的原则,如文字所示被认为是立宪主义的理由。

果真是这样的吗？诚然,在此情况下,按照内阁一致的原则,内阁全体成员达成一致意见是不可缺少的,但是,身为天皇之臣的阁僚,通常是遵循天皇的旨意而上奏的。因此,决不允许与天皇的意愿相悖。

由此来看,上奏不过是形式而已,实际上,天皇身边的亲信大臣准备好了一定的结论,上奏只是按着那种结论所进行的。即使从接受《波茨坦宣言》的前后过程来看,天皇最终表示同

---

① 〔德〕伯纳德·克里舍:《采访——从天皇到不破哲三》,1976年。

第一章　帝国天皇和象征天皇

意接受,据此,内阁上奏了接受文书。也就是说,裕仁天皇的回答,只不过是在讲形式论,而实际情况并非如此。

但是,问题是这样的形式论,在战后的日本社会并不认为是形式,而确认是真实的状况。通过远东国际军事审判(以下简称"东京审判"),虽然各同盟国要求严厉地追究日本的战争责任,但是同盟国方面,尤其是美国的主张,事实上包含着重新构筑战后国际秩序的政治意图。不管怎么说,对战争最高责任者裕仁天皇免于起诉这一事实本身,战后流传的"圣断论"无疑是其最主要的根据。

"圣断论"本身的流传,也许并不是以美国为中心的同盟国有意造成的,但是由于对裕仁天皇的赦免,不仅使战争责任问题变得暧昧,而且战后日本社会理应追究究竟谁是战争责任的魁首问题由此被搁置了起来。何至于此,裕仁天皇被誉为对构筑战后和平贡献最大的功臣。

战后天皇制和"圣断论"

战后制定了新宪法,作为主要的占领政策,强行冻结了皇室的财产、资产,大大地削弱了天皇的政治及物质等基础。而另一方面,在新宪法制定的前后,裕仁天皇本身积极地参与政治。

新宪法刚刚发布的时候,以"象征"的用语确定了天皇的地位、身份,也曾极大地限制了天皇的实际作用,天皇自身介

我们的战争责任
历史检讨与现实省思

入政治十分困难。而另一方面,天皇周边及战后内阁的阁僚们不断地向天皇进行"秘密上奏",由此想要强化天皇自身的政治权威。这样一来,天皇也受理"秘密上奏",企图使脱离政治的天皇及天皇制重新复活再生。

开始实施"秘密上奏"的典型事例是当时在片山哲(1887-1978年)内阁担任外务大臣的芦田均(1887-1957年)的上奏。1947年7月22日芦田得到了"谒见"天皇的机会。在这次会见中,天皇就对苏外交方针问题向芦田表露了自己的看法。那就是,重视日美关系,要与苏联保持一定的距离。此后,芦田外相又几次向天皇秘密上奏。比如,1948年8月10日的"谒见"时,裕仁天皇曾问及"有否考虑有必要对共产党实施打击",对此,芦田回答道,"我想必须以消灭共产党为第一"。①

在战后历代首相中,也有几位政治家进行过秘密上奏,其中最为积极的代表人物就是佐藤荣作(1901-1975年)。从实行秘密上奏的阁僚或者政治家们来看,他们依然认为裕仁天皇是保持了战前权威的君主,这是确定无疑的。正因如此,裕仁天皇即使在"人间宣言"②后,又开始作为"人间天皇"不断

---

① 〔日〕芦田均:《芦田均日记》(1948年8月10日),岩波书店,1986年。
② 人间宣言,即人格宣言。1946年1月1日发布的、否定天皇的神格的诏书的通称。昭和天皇自我否认是现世神的化身,宣告皇室与神话关系的结束。——本书审校者注

第一章 帝国天皇和象征天皇

地发表政治演说等行为,毫不顾忌新宪法有关禁止天皇自身参与政治行为的规定。

之后天皇愈加介入政治问题,其具体事例就是,裕仁天皇要求美军对冲绳实施长期占领统治(即所谓的"天皇口信",1947年9月对盟军总司令部口头传达的"日本天皇对琉球诸岛未来的见解")。另外,对缔结日美安保协议表示积极的姿态。这种追随美国和舍弃冲绳的姿态是出于天皇自身的政治判断,间接地对政府的决策产生了极大的影响。由此来看,不管天皇自身是否有无意识,从其言行举动表明了其介入政治的行为。尽管新宪法中有相应的规制,但是事实上裕仁天皇依然不断地发表政治主见并施加政治上的影响力。之所以如此,是因为没有追究天皇的战争责任,从而认为容许天皇继续一定的政治言行。并且,正是这一认识,成为"圣断论"得以发展和强化的原动力。在此,正如同文字所示,期待"圣断"在政治舞台上发挥适宜的作用。

事实上,于1945年9月开始的天皇"地方巡幸",进一步提高了天皇在政治上的威望。地方巡幸,是通过宣传"人间宣言",消除对天皇神化、神圣的崇拜,以期在国民心目中树立新的"天皇形象"而进行的巡游活动。之所以规划了这种巡游活动,有以下的背景。正如正木昊(1896-1975年,律师,1937年创办个人杂志《接近》)在《接近》(弘文堂,1964年)中所阐明的,所谓亚洲太平洋战争,"应该视为是为了保卫朕(=

天皇）而宣战，为了保卫朕而投降"，天皇对过去那场战争的发起经过及其本质有自觉的认识。好像是为了确认"圣断"的效果，开始计划了裕仁天皇的地方巡幸，这是为了保持战后象征天皇制的行为，同时也为了消除天皇周围存在的不安和茫然。也就是说，地方巡幸，意外地获得了良好的反响，并且增加了天皇的亲和力。地方巡幸取得的成效，进一步稳固和强化了圣断论。

但是，正如反复指出的那样，本应该追究裕仁天皇的战争责任，并由此探讨亚洲太平洋战争的本质，战后世代通过反省侵略战争从中汲取教训。但是由于上述的圣断论等原因，剥夺了这种反省过去的机会。可以说，时至今日也依然与战前同样，对于追究裕仁天皇的战争责任及天皇体制事实上是严格禁忌的行为。当代媒体对有关天皇的报道一贯采取慎重严密的管理姿态。曾提起过天皇的战争责任问题的长崎市长本岛等遭受枪击事件（1990年1月）；此外，在地方议会上，提出有关天皇的战争责任问题的议员受到指责及警告处分等，显然这种封杀言论的霸道行为反复地重演。

针对这种言论封杀行为，媒体没有采取坚决的态度，而是袖手旁观，以不介入的观望态度而告终。这种媒体的反应姿态同样也体现在社会舆论方面，同时在许多保守派政治家们的天皇观中表现出来。其中，森喜朗首相（当时）声称，"日本是以天皇为中心的神的国家"，即所谓"神国"发言（2000年5

月 15 日），至今仍令人记忆犹新。现职的首相，否定战后民主主义的主权在民的基本原理，这种极端荒唐的言行，表明了因圣断论得以保存下来的天皇制和战后保守政治体制具有表里一体的关系。

第 二 章

战时官僚领导的战后经济复兴

——岸信介再次登场

岸信介再次登场

　　岸信介是 20 世纪 50 年代的政治家。而在战前时期，岸信介作为高级官僚在"伪满洲国"显示了卓越的才干，在日美开战时的东条英机内阁担任副总理级的商工大臣（参与了开战"诏书"的共同签名）。但是，随着战局的恶化，岸信介暗地里开始进行打倒东条内阁的活动，并想及早地推出同乡（山口县）、陆军大将（后为元帅）、担任南方军总司令官的寺内寿一（1879-1946 年）接任东条的位置。由于战败，岸信介被定为甲级战犯，被免除了公职，但是占领结束后解除了免职处罚，重返政界，以至登上了首相的最高职位。退职后也被视为"昭

第二章 战时官僚指导的战后经济复兴

和妖怪",很长一段时期在自民党内保持了潜在的影响力。

岸信介作为跨越战前和战后的有实力的政治家,再次引人注目并不是因为他个人的经历。更主要的还是因为21世纪初潜在着一种时代的危险,那就是欢迎和接受"岸式的"政治家和强权政治。日本错误地总结战争正是这种危险性的起因。日本将"战败"表现为"终战",一直不愿反省和追究战败的责任。正如前章所述,事实上,由于"圣断",并没有消除以天皇为首的战前的权势,战后也一直保存了下来。天皇提议战后日本的防卫依存于美国的构想,据此缔结了日美安保条约。而主要担当实施日本安保的战后保守体制的代表人物正是岸信介。

1960年6月,岸信介强行延长日美安保条约,主要在于其自身意识到通过实施安保体制这一战后的"国体",能够进一步获得复权的机会。他深深感到利用裕仁天皇提出的日美安保体制维护了自己的政治生命。而岸的对手、原外交官吉田茂(1878-1967年)则积极地抵制和回避来自美国的外部压力,不断地寻求自立,两者形成了鲜明的对照。

岸信介从50年代后期到60年代在"政治的季节"扮演了重要角色,最后以重新修订安保条约为政绩退居幕后,取而代之的是,迎来了池田勇人(1899-1965年)的"经济的季节"。从而,日本在进入高度经济成长时期后,也就没有认真地评判岸信介的功过。

但是，进90年代，经历了泡沫经济崩溃和东西冷战结构结束这种政治经济的巨大变动，再次迎来了"政治的季节"，迄今为止没有对"岸式的"政治手法或者说民族主义思想进行认真的评判和追究，此时，又开始出现了各种各样的评论和言论。其中代表人物就是岸信介的外孙安倍晋三。结果安倍只执政了一年就交出了政权，不过通过评价岸信介的思想和言行，应该能够展望21世纪日本的政治状况。

重新评价岸信介，与韩国重新评价前总统朴正熙（1917-1979年）也许有着共同之处。朴正熙在"开发独裁"的体制下大力发展经济，创造了"汉江奇迹"，实现了经济高速增长。由于朴正熙卓越的功绩使处于发展中国家的韩国一举成为经济发达国家。截至1993年，历代军事政权一直继承了朴正熙的强权政治，但是，后来由于民主化的推进完全否定了朴正熙的政治模式。可是，最近韩国社会的右倾化日益显著，所以重新评价或者肯定朴正熙的社会舆论继而高涨起来。

岸信介的总体战

首先简要地回顾一下岸信介的经历。他在东京帝国大学学习期间，在学业成绩上与后来成为民法学泰斗的我妻荣不相上下。1920年7月，岸信介进入了政界。但是其就职的既不是精英聚集的大藏省也不是内务省，而是农商务省。乍看上去，

第二章 战时官僚指导的战后经济复兴

以为岸信介选择了经济官僚之路,但是他与当时的许多官僚一样,抱着将来成为政治家的野心。原彬久对岸信介选择农商务省的理由做了如下的记述:农商务省与大藏省、内务省不同,因为是"二流官厅","施展能力的舞台更加宽阔,而这一舞台是通向政治家的跳板,对此岸信介有充分的认识"[①]。

岸信介在口头上并不明确地表露没有选择去权力中枢的大藏、内务两省的理由,但是与欧美相比较,对于经济基础极其薄弱的日本来说,实现与欧美相匹敌的经济飞跃正是当务之急,或许也可以认为岸充满自信想要担负这一重任和使命。之后在岸活跃的表现中充分展现其雄心壮志。

岸信介在学生时代目睹了第一次世界大战,从而了解到了第一次世界大战是总体战这样一种与以往不同的全新的战争形态,他开始认为,像日本这样一个经济基础脆弱的国家,为了适应总体战时代求得生存和发展,不是靠自由竞争的原理,而是必须确立国家统一的经济管理体制。岸信介深受德国产业合理化运动的影响,在滨口雄幸(1870-1931年)内阁时代,学习引进了德国的产业合理化,进而获得了实施国家统一管理政策的机会。此时,在苏联,1928年开始实施革命后国家主导的经济建设,开始推进"第一个五年计划"并取得了成功。这对于岸信介等想试行国家控制经济的官僚以及部分军事官僚来

[①] 〔日〕原彬久:《岸信介——权势政治家》,岩波书店,1995年。

说是相当大的冲击。包括日本在内的各资本主义国家,处在经济不景气苦苦挣扎的困境时,称之为苏联"新经济政策"(NEP: New Economic Policy)的社会主义经济的成功,再次令人感到社会主义的威胁,同时,又不免令人产生一种向往。

在探索国家主导的适合总体战的经济运营的过程中,代表统制经济派的岸信介的周围聚集了一些官僚以及军事官僚,形成了被称之为"统制派"集团。这时,岸信介本来是狂热的民族主义者,而另一方面对社会主义国家的国家统制经济表示极大的兴趣。在此值得注意的是,岸信介身为民族主义者,虽然对社会主义国家抱有怀疑和戒备之心,但为了贯彻国家主义作为权宜之计毫不犹豫地借用社会主义经济体系。对岸信介来说,他认为社会主义思想不是自己信奉的对象,为了实现自身的目标是可以选择的多种方式之一。正因为岸信介抱有这样的认识,受到所谓"陆军统制派"的关注,由此开始了与陆军主要人物东条英机的联合。

1936年10月,岸信介就任"伪满洲国"国务院实业部总务司长。"伪满洲国"正是岸信介构想的国家统制经济的"实验场"。当时,任关东军参谋长的东条英机对岸信介的国家统制经济论有极大的兴趣,加深了与他的交往和友谊。东条英机具有任驻外武官的经历,清醒地认识到第一次世界大战是作为新的战争形态的国家总体战。另外,日本资源贫乏,为了确保日本在亚洲的霸权必须综合国家的各种力量,只有与市场原理

第二章 战时官僚指导的战后经济复兴

不同的国家统制经济,才是日本必须采取的唯一道路,东条英机对此深信不疑。由此,为了实现自身构想的国家总体战体制,东条认为岸的能力和人际关系是不可缺少的。1937年,岸就任伪"满洲国"产业部次长,由此全力投入"满洲开发五年计划"的立案和实施,建立"伪满洲国""发展"的基础。

经过日中全面战争,不可避免地发展到日美开战的过程中,1941年10月,东条英机内阁成立后,岸信介立刻就任东条内阁担任经济政策的商工大臣。但是到了东条政权末期,开始认为岸是脱离"国体"精神的人物。比如,正像细川护贞的《细川日记》的记述所表明的,"从思想观点来看对一部分皇道派以及岸一派实行压制"(1944年8月14日),这一时期的岸变为了反东条的一派。即便不是这样的话,岸一贯主张社会主义国家的政策,在亲东条派看来是抱有背弃"国体"思想的人。

皇道派开始策划推翻东条内阁,岸信介开始对东条政权感到失望,并秘密地开始反东条运动。岸突然宣布退出内阁,事实上起到了分化瓦解东条内阁的作用。毫无疑问,由于战局恶化,岸已经感到国家总动员体制将要化为乌有,所以才果断地采取行动。岸是对政治的变化反应极为敏感的典型的官僚政治家。从公开表明推翻东条内阁活动及其对东条英机的态度,即能够看出岸是玩弄权术的政治家。岸在会见反东条集团的高木惣吉海军少将时,说出了自己的见解,"无论是民间,还是海军、陆军中都没有可以取代东条的人,既然如此,想办法集结力量全力支持东条。"① 也就是说,岸提出东条后的多样选择作为讨论的话题,主要是向高木解释东条继续论,而实际上是试图与反东条集团接近。

在此次与高木会见的 10 天后,岸信介再次与高木会谈时明确地表示,作为"对东条首相的不满","如果能按照总理的设想推进的话则继续,若不然,我将提议实行内阁总辞职"(细川前引书,1944 年 7 月 16 日)。明确地表明自己的进退,为以后获得政治机会巧妙地准备了出路。同时,岸已经察觉到寄希望于东条英机的国家总动员体制开始显露或者说已经露出端倪,是为了确保战后生存之路作出的选择。此时,近卫文麿和冈田启介(1868—1952 年)所代表的皇道派计划通过"圣断"的"终战工作"使天皇制权利向战后移转,岸想借机通过高木葱吉与这些皇道派接近。

曾有一个时期岸信介与皇道派划清界限,被拟定为东条英机之后的候补接班人。并且,岸结成了"护国同志会"这一"岸新党",被视为官僚势力的核心人物受到注目。在战局恶化的情况下,以岸派、或者"岸新党"这一形式,赢得周围的信赖和期待,其主要原因首先是岸自身具有的彻底的国家主义思想,将岸推崇为"更加合理的经济政策"的代表。加之岸在"伪满洲国"经营中显示了经济管理的实力,而更为重

---

① 〔日〕伊藤隆编《高木惣吉——日记和情报》下卷,1944 年 7 月 14 日。

要的是，认为岸具有在某种程度上能够抑制东条英机为首的陆军统制的能力。可以说，岸兼备作为合理主义的国家主义以及国家统制经济主义者的政绩，从各个方面的期待汇集在一起。

但是，此时岸信介自身并没有考虑接替东条之位。这时岸已经对"战前"心灰意懒，而是开始考虑"战后"，开始酝酿构思创建战后版的国家统制经济——换言之就是战后版的国家总动员体制。为确保战后享有这样的权力地位，尽可能为推翻东条内阁作出一定的贡献，与东条英机保持一定"距离"，这或许就是岸的政治判断吧。由此暴露了其狡猾而又颇具手腕的政治官僚的一面。

"战时官僚"岸信介

如前所述，用一句话概括地说，岸信介是狂热的国家主义者，同时又是统制经济论者。在浜口雄幸内阁之前的田中义一内阁（1927年4月成立）时期，岸作为统制经济论者开始显露头角。田中义一从陆军大将就任政友会总裁，继而登上首相的最高地位。即使在陆军军人中，田中也是最早开始察觉到第一次世界大战的战争形态向总体战转化的人，对此提出建议并付诸实施。第一次世界大战开始的翌年，任副参谋长的田中解释说，"这次战争，不仅是军队和军舰的战争，而是投入整个国家的力量来决定最后胜败的战争,就是国家总体战"①,因而主张要构筑能适应国家总体战的国家体制。

1927年5月,田中政权刚刚成立的第二个月,按照田中的主张,设置了内阁总理管辖下的资源局。该资源局正是掌管运筹总动员资源、担当中央统辖事务的咨询机构,是在研究、调查第一次世界大战各参战国战时体制的基础上创设的组织。这时,祖籍山口(长州)的田中周围集聚了同乡势力,并且与主张侵略大陆的强硬派森恪(1882-1932年),以及国粹主义者、后为首相的平沼骐一郎等交往密切。

其中,对田中与岸具体有多少共同之处尚未充分考证,但是如前所述,浜口雄幸内阁时期开始的名曰产业合理化政策——事实上是国家实施的统制经济,确切地说与岸自身的观点极其接近。通过加强基础产业政策进行国家经济的彻底的改革,从这一意义上来说,战后加强生产方式也是与此相接近的。担当这一产业合理化政策的是商工省的临时产业合理局,主管该局的是岸的上司吉野信次工程事务局长。

岸信介是吉野的得力助手,负责调查德国的产业合理化运动,通过把握德国的实际情况,岸更加确信国家统制经济对于增强日本的国力是不可缺少的。实际上,岸从德国归国后的演讲中明确提出,产业合理化政策的目标在于"否定自由竞争",

---

① 〔日〕高仓彻一编《田中义一传记》下卷,田中义一传记发行会,1960年。

第二章 战时官僚指导的战后经济复兴

建立企业间的"相互联协"。主张日本资本主义不是依托于市场原理，而是要通过国家实施统制，岸的这一姿态自然受到了致力于构筑国家总体战的永田铁山（1884-1935年）、东条英机、小矶国昭（1880-1950年）等陆军统制派的欢迎。由此，出现了岸与陆军统制派的联合，开始将以岸为首的官僚集团称之为"革新官僚"。

由此一来，军官之间开始建立密切关系。之后，通过排除反对市场原理或持有怀疑和戒心的三井、三菱、住友、安田等旧财阀，日本产业、大仓、古河等新兴财阀开始抬头，出现了军部与官僚之间的关系趋于强化的动向。对于这些所谓新加入集团来说，如果没有军部和官僚的支援在中国大陆开展企业活动是不可能的。由此产生了财阀与军部的协作体制，满洲事变后建立了"伪满洲国"，这些新兴财阀立刻蜂拥而上，进入"满洲"，在那里展开了大规模的企业活动。对此，岸信介在"满洲"发挥了出色的指导作用。

岸信介将"伪满洲国"作为实验场，推进建筑国家总动员体制，同时也是战前时期战争国家日本开始迈向帝国崩溃的第一步。也就是说，这是帝国日本暴露战争国家本质之前的阶段，资本家、政党、官僚、军部等各权势集团相互对立和妥协，最终形成了相互依存、相互勾结的关系。岸信介所代表的典型的"革新官僚"在促成这一相互依存、相互勾结的关系中发挥了作用。

接下来，我把以往的研究中惯用的"革新官僚"这一用语，改称为"战时官僚"。"战时官僚"为了构筑能够对应第一次世界大战出现的总体战，在创建和维持国家总动员体制的过程中发挥了重要作用。国家总动员体制，以《军需工业动员法》（战时赋予政府权限动员民间事业所、设施参与军需产业的法律，1918年制定）为开端，之后是满洲事变（1931年9月）和中日全面战争（1937年7月），在《国家总动员法》（1938年）制定后真正地推行开来。之所以将这些官僚们专门称为"战时官僚"，是为了强调战时对他们的出现给予了极大的期望。

"战时官僚"为了构筑国家总动员体制，主张必须进行国内政治的"革新"，认为维护治安、思想统制、重新组织国民是不可缺少的。对于未来发展的展望是，国家进行高度的计划、管理、统制，发展成能够承受长期战争的高度的行政国家、国防国家。当然，岸信介属于典型的"战时官僚"一类。从这一意义上来看，作为"战时官僚"，可以说岸信介是合理并且理性的国家统制经济论者、国家主义者，虽说与右翼团体国本社的代表平沼骐一郎等国家主义和国粹主义有亲密交往，但是与他们划有一定的界限。1939年10月，岸信介离开"满洲"，重返商工省任次官。

岸信介到商工省复职后，在合理、长期战略下为构筑日本国内的总动员体制而积极奔走。但是，当时，观念上是以天皇亲政为主流，由于岸信介等的国家统制经济论和社会主义统制

第二章　战时官僚指导的战后经济复兴

经济极其相似,成为批判的对象。尤其是平沼骐一郎(后任首相)等所代表的国家主义和国粹主义,通过以天皇政体为中心的日本历史、文化这些抽象的观念来形成所谓的"国体"观念,从而达到国民意识一元化的目的。由此,他们在对天皇制的某种"绝对归依"中,全面打出彻底的反共主义。对此,岸信介等"战时官僚",拒绝平沼所耍弄的这些抽象概念。而是主张要建立彻底的、实质性的国家,就是建设实施战争国家的国家体制。

"战时官僚"想要创建的国家体制,需要高度的行政技术。为此,与既存的官僚机构联合,强化和充实整备立法机构的内阁行政机构,而最终却力图与内阁行政保持一定的距离。为充实这样的内阁行政机构推进国家总体战体制建设这一观点,与借助政治社会强化军事从而扩大自身权势的军部不谋而合,达成了一致的利益。由此开始了如前所述的军部和官僚之间的联合。

尤其在日中全面战争以后,大大地强化了内阁行政权。比如第一次近卫文麿内阁时期的临时内阁参议官制度(1937年设置,国务大臣待遇),东条内阁时期的临时设置内阁顾问制度(1943年设置,辅佐总理大臣提供咨询的战时经济运营的官职)等即是具体体现。与此同时,引入了适应国家总体战的经济体制,在战时经济的名誉下,从资源和人才方面向军事部门倾斜、集中。对此,为了合理、迅速地将各项政策付诸实施,需要具有高度专业知识技能的"战时官僚"。

比如，吉野信次（1888-1971年，吉野作造之弟）、椎名悦三郎（1898-1979年）、美浓部洋次（1900-1953年）和岸信介（以上为商工官僚），以及石渡庄太郎（1891-1950年）、贺屋兴宣（1889-1977年）、毛里英于兔（1902-1947年）（以上为大藏官僚），奥村喜和男（1900-1969年）（通信官僚）、和田博雄（1903-1967年）（农林官僚）等即是主要的"战时官僚"的代表。对于无视资本主义市场原理、推行战时经济的做法，不仅仅是财界，即使在政界及学界也存在着极大的抵触势力。但是，最终还是实现了向战时经济的转化，其主要原因是，这不仅仅是军事方面的需要，更主要的是通过战时经济的运营来发展基础薄弱的日本资本主义，这一超越了党派的想法发挥了强大的效用。

"战时官僚"呼吁推进总体战体制、与军部联合强行实施战时经济的动向，从某种意义上说，也可以认为是超越平时和战时、全面地改造日本资本主义或者日本经济的基本结构为行动目标。但是，出乎当初的预料，由于亚洲太平洋战争发展为长期的战争，庞大的军事开支极大地消耗了国力，资源筹措陷入困境，由此，"战时官僚"们的意图和精心打算化成了泡影。

但是战败后，"战时官僚"开始面对战后复兴这一新的课题时，再次抓住机会、重圆旧梦、试图将其战时的意图和打算付诸实施。这就是战后"战时官僚"的复权。岸信介作为其典型的代表人物之一，着力于战后经济的复兴和运营。

第二章　战时官僚指导的战后经济复兴

战后实现的总体战体制

的确，在"伪满洲国"经营方面，岸信介事实上是最高责任者，是日美开战时东条内阁的主要阁僚。另外，由于岸信介与陆军主战派以及右翼势力有密切的关系，在东京审判中，作为主要的战争责任者之一，被定为甲级战犯，免除了公职，不得不度过长达三年的拘禁生活。此时，岸信介构想的实现战后政治飞跃的目标似乎遭受挫折。

不过，与被视为日本军国主义代表、在东京审判中被处以绞刑的东条英机相比，岸信介的处境有所不同。因为岸为推翻东条内阁作出了较大的贡献而具有肯定的一面，并且最大的理由还是因为岸身为官僚这一身份，所以只是受到免除公职的处分。另外，与同样是文官被定为甲级战犯并被处以绞刑的广田弘毅（1878-1948年）相比，岸之所以能保全性命，是因为岸没有像广田弘毅一样担任"首相"这一最高领导地位。

战后，岸信介最急于进行的复权活动就是，将战前时期国家统制经济的构想重新运用到战后的经济复兴中。正如经济学家野口悠纪雄将战后的日本经济体制称之为"1940年体制"[①]一样，领导战后经济复兴的是40年代担负总体战体制的一帮

---

① 〔日〕野口悠纪雄：《新版1940年体制》，东洋经济新报社，2002年。

"战时官僚"。其中心人物就是前面所列举的岸信介、椎名悦三郎、和田博雄等。

总之,现代日本社会的基本结构是20世纪40年代形成的,并且对战后经济复兴到高度经济成长起到了牵引作用。这也正是近年积极评价和议论"总体战体制论"的原因。也就是说,从战后复兴时期到高度经济成长时期的官僚主导型的经济体系的始祖,就是40年代以构筑总体战体制为目标的统制经济派。比如,1940年前后逐步出台了《电力管理法》(1938年)、《粮食管理法》(1942年)、《日本银行法》(1942年)等为代表的一系列经济产业统制法规。这些法规成为战后复兴时期到高度经济成长时期国家经济运营的基础。

正是战前主导这些法规整备的官僚们,担当了战后高度经济成长的旗手。经济安定总部(1946年设立)推进的"倾斜生产方式"①的政策等,与战前时期计划院(负责战时统制经济调查立案的国家政策机构,1937年设置)构想的经济统制方式如出一

---

① 倾斜生产方式,二战后初期日本经济复兴政策之一。其主要含义是在自然资源分配受到很大限制的条件下,通过有重点地恢复生产,将经济纳入扩大再生产轨道。战后日本生产的难关是煤和钢铁,日本政府指定煤和钢铁为重点产品,在资金、工人住宅和物资奖励等方面优先照顾,首先保证这些重点产业的生产,然后再以这两个部门为杠杆推动整个工业生产回升。由于实行这种重点生产方式,战后日本经济得以迅速复兴。——本书审校者注

第二章　战时官僚指导的战后经济复兴

辙。并且，原计划院的担当中坚骨干的"战时官僚"继续占居经济安定总部的要职，他们积极引入"倾斜生产方式"，担负着战后经济复兴。有许多过去的满铁职员在经济安定总部担任要职，"伪满洲国"的统制经济方式几乎原封不动地搬到了战后。采用了与"伪满洲国"推行的"重要产业五年计划"几乎完全相同的统制经济手法。岸信介以及星野直树（1892-1978）等制定的《确立经济新体制纲要》这一原计划院的方案，不仅支撑了"1940年体制"，同时在战后复兴时期也发挥了主要的作用。

"确立经济新体制纲要"，引入企业公有制以及纳粹党的指导原理，企业不是以利润为优先，而是促进生产能力提高的组织。在此，将企业确立为"公共的生产组织"，排除了企业按市场原理进行的竞争机制，同时突出地强调对"公＝国家"的贡献和奉献。

如果采用这种方法论的话，当然，不得不重新重视官僚的作用。战前时期殖民地官僚在中国台湾地区、朝鲜以及"伪满洲国"的统治机构中作为行政管理和统治的主体发挥了作用，与此相同，即使战后也需要他们继续把握行政统治管理大权。由此一来，官僚们掌握了从政策立案到付诸实施的统一且连续的主导权。战前时期，在国家总体战体制整备的过程中，政党体制处于削弱和衰退的状态。同样，战后经济复兴过程中，确立了官僚主导型的政治体制，造成了对政党作用的期待日益低下和弱化。也许正因如此，自由党和民主党两大保守政党联合，建立了自由民主党（1955年）。

即使缺少政治，只要有可以"代替"政治的官僚制体系，那么政治只是在所谓纯政治领域发挥其功能则足矣。岸信介是官僚出身，对自己的官僚身份应该有强烈的自我意识。岸与保守势力合并密切相关，是因为自身抱着确立官僚主导的政治体制、实现重建日本的大目标。特别是，岸与其将自身定位为官僚制(bureaucracy)的一员，不如说其更希望实现官僚掌控管理、行政、统治等支配权的行政统治（administocracy）。此外，岸将自己视为能够有效、合理地管理运营国家和社会的行政官员，并对此充满自信。由此，具有技术政治（technocracy，也说成科技治国、专家政治）思想的行政官员，在经历了战败体验之后，重新在战后日本社会中找到并确立了自身的位置。

所谓技术政治，指的是这么一种官僚思想，那就是确信广义上的技术者最为适于主导国家和社会建设。他们的行动依据是技术至上的逻辑，以"脱历史""脱政治"为其特征。换言之，即使历史和政治发生变化，并不左右自己的信念，始终坚持以发挥运营管理国家技术为使命。国家和社会面临危机，越是处于饱受内外压力的时候，越是需要具有高度专门技术的行政官员。

战前时期，自1930年代开始这种认识极为普遍，而战败以后，日本社会继续出现了这种技术主义思想。具有高度专门技术的行政官员感到良机已到，在克服战后危机实现经济复兴之际，将能施展自己的才能，同时，战后日本资本主义也迫切希望他们复出。由此，双方达成了一致有效的经济复兴对策，在战后冷战结构的国际秩序的配合下，战后版的总体战体制促成了日本的高度经济成长。战前时期的总体战体制，如果说是由于受到第一次世界大战的触动而被动地接纳、具有临时紧急对应的性格的话，那么战后版的总体战体制，则可以说是积极能动的、具有持续恒久的特性。

重新评价岸信介的背景

有关岸信介在日美安保时期的活动，有很多记录和文献。但是，在论述日美安保与岸的关系之前，首先必须充分认识到对岸重新进行大肆评价的现状。

首先，必须强调的是，在结成自民党和获得政权的过程中，岸希望达成的目标是修改宪法、重整军备及寻求"独立"。其中"修改宪法"对自民党来说，是其结党以来的"夙愿"，即便是今日，也仍以"自民党宪法私案"的形式重新提起。"重整军备"，自警察预备队创设（1950年）以来，经过保安队及建立自卫队（1954年），现在国防费高达48000亿日元（2005年度预算），成为世界上屈指可数的军队。另外，岸信介坚持修订了具有单方面关系的旧日美安保，重新定义了与美国的双边关系，进一步促进了日本的"独立"。

以上的修改宪法、重整军备及寻求"独立"这三项课题，岸信介是否将其作为相互关联、统一的问题来考虑的呢？不言而喻，岸的政治意识中表现出露骨而强烈的国家主义，由此促使其急于解决这三项课题。如果从岸的观点来看的话，日本国宪法是 GHQ(盟军总司令部) 为促使日本民主化"强加"施行的宪法，其内容无论如何是不能接受的。其中最主要的就是，宪法全面否定了战前的天皇制国家统治体制（"国体"），大大地背离了日本固有的文化传统。

随着朝鲜战争的爆发，为了保护美军基地以及美军及其家属，日本开始重整军备。因为重整军备从组织旧陆海军军人创建警察预备队开始，岸信介对此自然大为赞同。并且，通过"修改"宪法，恢复战前的"国体"，全面恢复战前权力来确保"独立"，岸对此表现出极大的热忱。但是，岸的这种选择"倒行逆施"的预谋，当然不仅受到了国内稳健保守势力的反对，而且遭到舆论的严厉批判。况且，岸本身又曾是甲级战犯，对岸的主张抱有怀疑和戒备之心，"修改"宪法没有得到舆论的支持。

自 1953 年 4 月开始，岸信介重新恢复了众议院议员身份，与石桥湛山（1884–1973 年）竞选自民党总裁失败，1957 年 2 月，因石桥患病，岸如愿以偿，从外交大臣就任为内阁总理大臣。自此开始，岸将想要解决的三项课题通过强行方式付诸实施。

在自民党内，岸与以吉田茂为首的亲美派、或者说提倡经济利益的集团表示公开的对抗，在岸来看，无论如何只要实现了重整军备，下一个目标就是通过制定自主宪法实现"真正的

第二章 战时官僚指导的战后经济复兴

独立"。通过这些努力，和美国建立对等关系，进一步实施集团自卫权，重新成为亚洲的盟主。

岸信介的这种政治选择确实造成了对美关系的混乱。尽管如此，岸不顾舆论的反对，强行"修改"日美安保，并通过艾森豪威尔总统（Dwight D. Eisenhower）的访日，努力消除因自主地选择"逆路线"可能造成的日美关系恶化等的不安定因素。

由此看来，岸信介执著于"修改"日美安保的原因主要有如下三点，就是：①实现和美国的对等关系；②在此过程中制定自主的宪法；③唤起追求"独立"的国民精神，重新构筑战前时期国家至上主义的政治经济体制。

在这样的路线选择中，一般会唤起狭隘的民族主义，但是岸信介的情况并非如此。自结党以来，自民党内分成了两种对外路线，一是以吉田茂为代表的所谓的"追随美国的外交路线"，另一种是以鸠山一郎等为代表、坚持与苏联恢复邦交（1956年）的"自主外交路线"。岸作为首相，成功地设定了可以说达成双方协调折衷的对美路线，也就是对美协调路线和自主独立路线并行。正是这一并行方针的启动，1960年"修改"了日美安保。因此，强行修订日美安保，同时也成为修订自民党内两条外交路线的一大机会。

在强烈反对安保的舆论中，并没有表现出"反对对美协调路线"或者"反对自主独立路线"的认识。基本的社会舆论是，日美安保起着确保两国军事同盟的作用，由此担心将来日本会卷入美国的战争，再次成为加害国或者侵略国，这种担心和不安通过"反安保"运动而爆发出来。

对于"反安保"的群众运动，岸信介甚至曾命令防卫厅长官赤城宗德（1904-1993年）出动自卫队维持治安，通过暴力手段强行消除反安保势力，其目的是想要实现恒久的"对美协调、自主路线"。正因为如此，所以将岸称为合理的国家主义者、实用主义者，可以说充分体现了岸的政治本质。

"对美协调、自主路线"，至今依然是自民党外交的基调，为了顺利地并行推进"协调"和"自主"的对外方针，防止日美关系陷入紧张状态，有必要经常进行首脑会谈，达到及时沟通理解。回顾到苏联崩溃为止的冷战时期，可以说这两种路线顺利并行并没有影响或造成日美关系的恶化。因为在东西冷战体制这种固定的国际秩序下，也很少有引起日美关系变动的因素。

可是，90年代初，东西冷战体制崩溃之后，原封不动地沿袭过去的日美安保体制已经不能确保和维持稳定的日美关系。正因如此，提出重新定义日美安保体制、开始重新考虑整个日美关系。岸信介铺设的"对美协调、自主路线"虽然本质上没有变化，但是由于已经不能很好地保持"协调"和"自主"之间的平衡，所以需要不断地进行修复和调整。如今，从对岸进行重新评价的背景来看，存在着一些坚持恢复"对美协调、自主路线"的势力，舆论上也与此呼应做出一定的反应。

岸信介执政期间（1957年2月–1960年7月），日本推行的是对美一边倒的外交政策，但同时也注重对苏联的外交，正因如此，对美关系必然处在一种相对化的环境中。"协调"和"自主"由此得以保持一种相对的平衡状态。但是此后，美苏对立加剧，加上社会主义中国迅速发展崛起，从而日本开始更加依存于美国。也就是说，岸铺设的坚持"协调"和"自主"的路线开始发生了动摇。如今中国已经发展成经济实力雄厚的大国，周边亚洲各国经济上也取得了极大的发展，在此情况下，日本在坚持沿袭至今为止的对美协调路线的同时，需要加强与中国、韩国等亚洲主要国家的关系。进一步推进对美自主外交是顺应时代的要求。

日本所处的外交环境发生了明显的变化，同时，国内社会舆论方面国家主义的倾向和右倾思潮扩大，日本的保守势力极力想恢复岸信介铺设的"对美协调、自主路线"。正是在这种背景下，引发了重新对岸进行评价的风潮。

重新评价岸信介的现实意义

岸信介认为，"对美协调、自主路线"正是解决三大课题（修改宪法、重整军备、自主独立）的确实可行的方法。在经过了30年后，东西冷战体制结束，美国方面也强烈地要求日本强化军事力量,因此迅速增强了自卫队的军事装备。不仅从硬件上增强了自卫队的战斗力,同时通过整备一系列的军事法制,软件上进行了全面的充实完备。可以说这体现了坚持对美协调路线,是执行了岸铺设的外交路线的结果。但是,关于"修改宪法"和自主独立,美国当然不会举双手赞成。

1957年5月7日,围绕是否保有核武器的问题,岸信介在参议院会议上的发言众所周知,当时他提到"使用战略核武器不违背宪法"。岸的亲弟弟佐藤荣作也是坚持拥有核武器论者。此外,岸的外孙安倍晋三也如出一辙,在他任内阁官房副长官期间,2002年5月13日在早稻田大学演讲时说"拥有原子弹在宪法上不成为问题"[①]。从岸开始,到佐藤和安倍为止连续不断地发表主张拥有核武器的言论,充分表明一种强烈的愿望,那就是日本要进行核武装,与现有的政治军事大国保持对等关系,实现真正的"独立",作为"普通国家"得到核武器大国的承认,也就是"健全的国家"。

但是,如果"普通国家"同时意味着脱离同盟国美国而获得"独立"的话,当然美国是不会首肯的。因此,"对美协调、自主路线"本身存在着根本的矛盾,不可能给日本带来持久的稳定和安宁。由于自60年代到90年代为止,世界处于东西冷战结构这一国际秩序之中,岸铺设的这一路线本身所包含的矛

---

① 〔日〕《星期日每日》2002年6月2日号。

第二章　战时官僚指导的战后经济复兴

盾没有直接爆发的机会；另外，对于这一路线本身存在的矛盾，美国方面既没有提出任何指责，日本国内也没有提出任何疑问。

如今在新的国际形势下，奥巴马就任新一届美国总统，美国将会不断地要求日本厉行同盟义务。要从根本上实现向"脱美自主路线"的转换，必须进行核武装，从美国的核保护伞下脱离出来，切实建设自主的国防体制，否则的话，就不可能实现向"脱美自主路线"的转换。但是，美国无论如何是不会容许日本拥有核武器的。美国不仅反对日本构筑自主的防卫体制，即使对日本开展独立自主的政治外交，美国方面也会耿耿于怀。比如，具有强烈的国家主义意识的安倍晋三，表现出明显的由军事武力决定格局思考方式，美国的稳健派对其敬而远之。正因如此，针对靖国神社问题等诸多争议未决的矛盾，安倍就任首相之后，最初访问的国家选择了中国和韩国。这也许是示意给美国看的。通过牵制美国，以便在"协调"和"自主"方针下，顺利地推行"对美协调、自主路线"。

不管怎样，在21世纪初亚洲变化的政治秩序中，日本为了确立自身的位置，采取"对美协调、自主路线"正是最佳的途径，在许多抱有共识的人中，开始对岸信介进行重新评价。但是，必须否定其中所包含的过度崇尚力量的理论，以及与亚洲各国人民非和解的姿态。并且必须认识到，过去岸信介所设计的"协调"和"自主"路线，只不过由于东西冷战体制一时掩盖了其本身包含的危险性。

第三章

靖国神社和明治以来的战争

——小泉坚持正式参拜的背景

连接过去和现在的靖国神社

如果将岸信介看作承前启后、连结战前和战后的代表人物的话,那么从靖国神社的历史和特点来看,也同样起到了连接战前和战后的作用。众所周知,靖国神社是为提供一个"慰藉阵亡者的场所"而设置的;除此之外,它也发挥了重要的政治作用。将包括亚洲太平洋战争在内的过去的战争"视为圣战",因而这里成为对参战的日本人、实施战争的国家以及战争的统帅进行祭拜称颂的场所。称颂靖国的人们,他们不愿认真地体味过去那场战争的真实意义,不愿正视战争带来的悲痛残酷的事实。因此,可以说是忘却了因战争造成的巨大牺牲以及无视

第三章 靖国神社和明治以来的战争

坚持正义的人民。

也就是说,靖国神社是一个动员国民趋向或肯定战争的思想性、宗教性的设施,并且起到了阻碍与过去受日本侵略的各国人民对话的功能。像这样的设施为什么能持续地保存下来呢?在此,简要概括一下靖国神社设立的经过,以及给战后日本社会和日本人带来的课题。

概观靖国神社的历史作用,首先其最初是作为民族宗教的国家神道发展起来的。国家神道,是幕府末年维新时期盛行的神社神道和天皇家族相关的皇室神道结合而成的民族宗教,在明治近代国家形成和发展的过程中确立下来。也就是说,国家神道,其本质上具有原始宗教的性格,同时,又要求其适应近代社会。因此,国家神道随着时代的发展,其性格也不得不随之改变。

比如,宗教学者村上重良在其著作中,将自明治国家[①]成立到战败为止80年间国家神道的变化划分成"形成期、教养完成期、制度完备期、法西斯主义国教期"4个时期[②]。

明治10年开始的一段时期,以祭祀和宗教分离确定为第一个时期,在此形成了国家神道的基本性格;与此并行,确立

[①] 日本明治天皇1868年至1912年在位,其间称明治时代。——本书审校者注
[②] 〔日〕村上重良:《国家神道》,岩波书店,1970年。

我们的战争责任
历史检讨与现实省思

了以伊势神宫①为正宗的宫中祭祀。在此,与崇拜天皇直接有关的神社信仰为中心创立了国家神道。

第二个时期就是,制定了明治宪法以后,国家神道即被认作是国家祭祀,超越所有宗教学派占据了优越地位,即所谓的国家神道体制的确立。尤其是在这一时期,发动了明治国家最初的真正的对外战争,包括甲午战争(1894-1895年)和日俄战争(1904-1905年)。以这些战争为契机,国民响应增强国威的国家政策,国家主义以及日本民族至上主义影响扩大。利用这样的民众意识,开始将国家神道确定为教育政策的一环。

从明治末期到昭和初期为第三个时期,是在内务省主导下确立神社行政的时期。当时,民主主义和社会主义等新的思想流入日本社会,在社会运动蓬勃开展的情况下,国家通过推进国民教化政策,确立国家神道以对抗这些新思潮,是开始认真推行国家神道的时期。

从满洲事变到亚洲太平洋战争失败为止为第四个时期。在

---

① 伊势神宫,日本三重县伊势市的皇大神宫(内宫)与丰受大神宫(外宫)的总称。皇大神宫供奉天照大神(日本神话中的最高神,既是天界的主宰,也是天皇家血缘起点的皇祖神,具有强烈的国家神的色彩),神体为八咫镜。明治维新后,成为国家神道的中心。二战后,与国家分离,成为宗教法人。——本书审校者注

第三章　靖国神社和明治以来的战争

此期间，日本为了将侵略亚洲的战争正当化，为了在天皇的名义下顺利地动员国民参战，国家神道正如其文字所示成为国教。从而，国家神道与天皇制国家体制（"国体"）成为表里一体的关系，因此，可以说是"天皇制法西斯主义"的国教。

如上所述，明治国家的国家神道，保留了宗教上的一面，不论是战时、平时，在广义上来说，发挥了动员国民和教化国民的作用。由此，国家神道一贯地具有鲜明的政治性格，在政治上发挥了一定的功能。

可是，国家神道是民族宗教的"发展形态"，其内容直接体现了明治宪法所倡导的"国体"概念。也就是说，"大日本帝国乃我皇祖天照大神肇造之国，其神裔万世一系之天皇，遵照皇祖之神敕，自悠久古代，永远治理之。此乃万邦无比之吾国之国体"（村上重良，前引书），以及正如神祈院编著的《神社本义》中所记载的，国家神道的教义是"国体"的教义，强调了作为神的天皇统治大日本帝国，以及天皇统治的大日本帝国是极其神圣的。由此，大日本帝国的神圣的根源，认为是古代国家创造的政治神话。

因此，大日本帝国统治下的"赤子"（＝国民），对以学校教育为中心广泛宣扬的"天孙降临"神话等所显示的国家创建神话不可持有怀疑或批判。不仅如此，通过这种政治神话向民众彻底地灌输日本民族的优越感和排外主义的民族意识，这又进一步激发了后来支持侵略战争的"国民意识"，民众对战争表现出狂热的支持。

在甲午、日俄两大战争中，向国民宣告战争目的时充分地利用了国家神道的教义，强调将战争坚持到最后的胜利，是赋予优越于其他民族的"神国日本"的"世界的"使命。战争是在天皇的名义下开始的"圣战"，因此，决不容许对战争提出质疑或反对。不仅如此，被强制动员参加"圣战"的赤子（＝国民），若是战死沙场，将作为"英灵"祭祀，由此，甚至建立了一种天皇制国家体制掌控国民的生死大权的机制。靖国神社以招魂社为起点，作为陆海军两省共同管辖的宗教设施，发挥了政治上的功能。

1879年，被定为特别官币社①之后，名称由招魂社改为靖国神社，此后该神社被定为国家神道系列，作为支持天皇制国家对外侵略的精神支柱，发挥了特殊的功能。

靖国神社的地位

代表国家神道教义的神社不仅仅是靖国神社，通常根据神社的功能作用可以区分为以下四种。

---

① 根据1871年的"官币社制度"，将祭祀历代天皇、皇族的神社和天皇家族崇敬的神社指定为官币社。之后，对"为国家效忠"的功臣进行祭祀时，不能列入官币社，所以采用了"特别官币社"的名称。

第三章　靖国神社和明治以来的战争

第一种是祭祀在近代天皇制国家发动的战争中牺牲的阵亡者的神社，靖国神社（招魂社、护国神社）为其主要代表。第二种是祭祀南北朝时代的南朝方"忠臣"的神社，凑川神社（祭神为楠木正成，1872年创建）等为其代表。这些都属于特别官币社。第三种就是祭祀天皇以及皇族的平安神宫（祭神为桓武天皇，1895年创建。后与孝明天皇合祀）以及明治神宫（1920年建成）等为代表的神社（官币大社）。第四种是在殖民地以及占领地所建立的朝鲜神宫（祭神为天照大神和明治天皇，1925年创建）等官币大社。

靖国神社的前身是招魂社，1869年6月在东京九段的田安台创建。招魂社是为祭祀在明治国家成立过程中因频繁的内战而牺牲的人创建的。确定在东京建都之后，即开始构想在东京创建全国规模的招魂社，以日本陆军的创始人大村益次郎（1824-1869年）为主开始了创建计划。明治天皇参加了1874年1月举行的招魂社大祭，由此确立了作为神社的招魂社的性格。招魂社合葬着自鸟羽伏见战争到函馆战争（1868-1869年，戊辰战争①）期间3575名阵亡者，天皇的参拜意味着给阵亡者"破格"的待遇，成为决定天皇和招魂社之间关系的一大契机。

---

① 戊辰战争，明治维新时期日本国内战争。因战争爆发的1968年为戊辰年，故名。在这场战争中，明治新政府军经过鸟羽、伏见及函馆之战等，最终摧毁幕府势力，巩固了天皇政府。——本书审校者注

改称为靖国神社的当初，神社归内务省、陆军省、海军省共同管辖，之后成为陆军省和海军省所管辖的宗教设施。尽管其他所有的神社都归内务省管辖，但是唯有靖国神社是在陆海军的管辖之下，这也充分表明了靖国神社是作为军部的宗教设施，是与日本军国主义的形成和发展的全过程密切相关的。战后引发靖国神社问题的根源就在于此。在靖国神社举行的祭典，主祭人是由陆军和海军的现役将官担任的，实际上举行祭典的宫司是由陆军省和海军省任命的。不仅如此，并由宪兵担任神社的警卫。

由此可见，靖国神社是祭祀天皇这一统帅陆/海军的最高司令官、"大元帅"发动的战争中战死官兵的宗教设施，享有特殊的地位，同时，将阵亡者作为"英灵"祭祀，称颂和美化所有的战争，充当了天皇制和军国主义思想的大本营的作用。

在这一期间，国家神道事实上成为"国教"，特别是满洲事变以后，成为对亚洲诸国进行侵略扩张及宣扬日本民族至上主义的基础。神道被视为"国体"的教义，支配着日本人的思想意识，在国内要绝对忠实于天皇制统治体制，在国外将侵略主义视为正当正义的战争。在此，主张"八纮一宇"①这一企

---

① 八纮一宇，第二次世界大战期间，日本侵略和企图称霸亚太地区的口号，是"大东亚共荣圈"同义词。另外，此语也含有天皇统合世界之意。——本书审校者注

第三章 靖国神社和明治以来的战争

图征服世界的教义，表明了全世界都统一在天皇之下的野心。在整个亚洲太平洋战争期间，将"八纮一宇"的口号作为战争目的反复进行宣传，由此出现了"完成圣战"、"神州不灭"等军国主义口号，驱使国民参加侵略战争。同时，通过对日本殖民地和军事占领的亚洲各地区的人民同化为"日本人"，并将其纳入动员参与侵略战争的对象。

战前时期，日本在实施殖民地政策和占领政策中，强制推行与日本保持一体化的政策，抹杀了亚洲诸国及地区民族固有的历史和文化。同时，也向当地人民灌输国家神道和"国体"的思想体系，甚至在初等教育中强制推行。1941年，日本全国约有11万家神社，支撑着国家神道以及"国体"思想体系，可以说位于顶级最高地位的就是靖国神社。

靖国神社在宗教和政治上的功能

近代天皇制国家本身决定了靖国神社的功能，发挥着"将为天皇献身的亡者集团，装扮为均等的祭神集团的宗教装置"①的作用。同时通过无限地增加祭神，靖国神社对近代日本社会中日本人的精神意识一直起着决定性的影响。另一方面，与被列为特别官币社的其他神社祭祀着一名或数名历史人物相

---

① 〔日〕村上重良：《慰灵和招魂》，岩波书店，1974年。

比，靖国神社功能特殊，它是专门祭祀阵亡的天皇的臣民（＝赤子）的神社。

并且，只要作为天皇的"臣民"祭祀，就形成了要由天皇的意志来决定是否合祀这一构造。由此，决定在靖国神社合祀的手续，是对那些为天皇发动的战争献身的阵亡者施加的恩惠，被视为是一种奖赏。天皇作为决定合祀的主体，甚至能够向阵亡者传达天皇的意志。

阵亡者被合祀在靖国神社成为"英灵"，其生前的社会地位、阶层，或者以各种形式获得的功绩等也都不存在了。也就是说，作为祭神被合祀的"英灵"，因为成了"英灵"，所以可以理解为，在天皇的名义下都享有平等或均等的待遇。这正是"一君万民"思想的充分体现。也就是说，天皇不仅支配着"臣民"的生前，即便是死后也被纳入天皇至上的阶层结构中。由此，可以说靖国神社体现的是"天皇制平等主义"、通过合祀的形式确立天皇和"臣民"关系的场所。但是，这是由天皇单方面实施的统治"臣民"的手段，其目的是统治、支配臣民的精神意识。以合祀的形式作为对效忠和献身天皇的补偿或兑换。

靖国神社自改变名称到日本战败为止，其排名一直处于28家特别官币社中的16位。尽管如此，每次举行临时大祭时，天皇参拜已经成为惯例，或者宫内省派钦差参加大祭等一直受到破格的待遇。天皇和靖国神社保持着密切的关系。靖国神社

第三章　靖国神社和明治以来的战争

是宗教设施，同时也是顺利推行天皇统治，以及天皇统制"臣民"精神意识，掌管"臣民"生死大权的媒介。

靖国神社的解体和重建

　　战后在推进一系列的民主化政策中，否定了战前时期靖国神社的作用。靖国神社这一日本近代史上军国主义对外侵略扩张的精神支柱濒临解体崩溃的危机。因为要撤销主管靖国神社管理运营的陆军省和海军省，靖国神社的解体也只是时间的问题。1945年12月15日，占领日本的盟军总司令部（GHQ）为了防止军国主义复活，向日本政府下达了"神道指令"（废止国家神道条例），实行政教分离，完全切断与国家神道以及神社神道的关系。

　　日本政府遵从"神道指令"，采取了禁止国家神道的措施，将宫中祭祀定义为天皇的个人行为，提出了将神社神道发展为民间宗教的方针。同时，根据1946年1月1日公布的昭和天皇的"人间宣言"，实际上标志着国家神道的破灭。当时，全国的神社开始归属于新设立的非国营的宗教法人——神社本厅，但是，只有靖国神社没有归属神社总厅，之后成为东京都单立宗教法人，由此失去了国家的、公共的性格。至此，剥夺和改变了靖国神社战前所具有的性格和作用。

　　但是，战败后不久东西对立加剧，冷战体制导致了世界二分化，盟军总司令部开始加速推行一系列的民主化政策。与此同时，对靖国神社的待遇也出现了变化。以1951年9月8日签署《旧金山和约》（Treaty of Peace with Japan，1952年4月28日生效）为契机，文部省和归国援助厅两省厅次官联名向各都道府县发出题为"关于阵亡者葬祭等"通知，准许地方公共团体的负责人等出席阵亡者追悼会等。这显然是与强调政教分离的日本国宪法相抵触的。

此后，反复不断地下达这类通知，成为靖国神社得以复权的第一步。进而，1952年4月3日公布的《宗教法人法》加速了恢复靖国神社的功能。这是由文部大臣以及都道府县知事认证各种宗教团体成为宗教法人的规定，靖国神社也经东京都知事认证成为如前所述的单立宗教法人。

靖国神社作为宗教法人事实上得以复活，但是，问题在于其设立的目的。在神社"规则"的第三条中，"本法人，基于明治天皇的《安国》圣旨，奉祀为国事殉难的人。进行神道的祭祀"。采取姑息手段、将"靖国"表现为"安国"，总而言之宣布靖国神社存在的目的和战前同样、没有变化。

并且，1952年10月16日，裕仁天皇陪良子皇后参拜靖国神社，由此，又重新恢复了天皇和靖国神社的关系。之后，天皇家族和靖国神社的关系不断得以强化。1953年3月16日，为准备立太子仪式的皇太子（现明仁天皇）也参拜了靖国神社。

第三章　靖国神社和明治以来的战争

日本社会右倾化和国家神道恢复权利

签署旧金山和约的同时，日本和美国1951年9月8日签署了《日美安保条约》，从此，日本作为以美国为中心的西方阵营的一员重返国际政治舞台。同时在美苏冷战体系中这也是最适宜的选择。其结果，日本社会充满了反共、反社会主义的思想体系，国内通过开展各种各样的活动强调国家主义。可以说，战后政治的保守化和战后社会的右倾化是从此时开始的。

在这样的社会背景下，要求将改为民间宗教法人的靖国神社国有化的运动积极活跃。特别是1955年11月15日，自由党和民主党联合结成自由民主党以后，以财团法人日本遗族会等为中心，向成立不久的自民党提议，要求对靖国神社实施国家管理以及恢复国家神道。

对此，当初自民党内的认识并非统一。1959年3月28日，千鸟渊阵亡者陵园作为国家设施竣工，裕仁天皇和良子皇后出席竣工仪式并举行了阵亡者追悼仪式，进一步助长了要求国家恢复对靖国神社管理的活动。

1960年1月19日签署了新《日美安保条约》，围绕条约的签署，舆论两极分化展开了激烈的论争。在这种社会舆论激烈的氛围中，人们对政治表现出极大的关注。但是，同年5月19日，自民党单独表决通过了新《日美安保条约》，6月

我们的战争责任
历史检讨与现实省思

19日该条约成立生效后,人们对政治的关心随之冷却下来,开始转向追求经济利益。

在这种情况下,整个社会明显地右倾化,保守政治愈加强化。比如,1960年10月提出将伊势神宫国营化,1963年8月日本遗族会做出了"恢复靖国神社的国家护持纲要"的决定。继而,靖国神社的祭祀制度调查会制定并公布了"关于恢复靖国神社的国家护持纲要"等,加速了要求将靖国神社纳入国家管理以及恢复国家神道的运动。这一年的8月15日,政府主办的第一次"全国阵亡者追悼大会"在日比谷公会堂举行,举行追悼仪式是与上述一系列活动有关的。

1964年10月10日开始,召开了历时两周的东京奥运会,以此为契机,日本开始步入了经济高度发展时期。在这一大好形势下,将靖国神社纳入国家管理的活动也更加活跃,1965年10月日本遗族会制定了"靖国神社法案",向自民党为首的保守派国会议员施加压力。进而,地方议会接连不断地通过了要求国家管理靖国神社的决议案。这一时期强烈要求靖国神社纳入国家管理运动具有以下的社会背景。

首先,由于东京奥运会的召开激发强化了国家主义意识。战败后,大多数日本人丧失了自信,国家意识也变得淡薄,通过举办东京奥运会这一国际盛会,使人们从战败后缺少自信、消沉低落的状态中解放出来。同时,战后国家意识开始重新急剧地膨胀起来。

第三章 靖国神社和明治以来的战争

其次，日本国内出现了明显的军国主义复活的动向。根据1965年6月22日缔结的《日韩基本条约》，朝鲜半岛南北分裂，日本政府支持大韩民国的朴正熙军事政权，采取了促使朝鲜半岛南北之间关系紧张的政策。并且，1965年2月7日，美国军机轰炸了越南北部，开始了真正的"北部轰炸"。以冲绳为中心日本成了侵略越南的美国军事基地，可以说间接地卷入了美国对越南发动的战争。朝鲜半岛局势的恶化以及越南战争的激化，自然开始预感到不久的将来日本可能卷入新的战争、出现新的阵亡者。由此开始出现了重新认识靖国神社，期待着靖国神社像战前一样，作为追悼阵亡者的设施继续发挥相应的作用。

在此背景下，1965年7月160名海上自卫队员参拜了靖国神社。海上自卫队官兵全体身着制服，在统一号令下参拜。自此以后，自卫队和靖国神社的关系变得愈加密切。1968年1月，现役的自卫官中谷孝文在回家途中因交通事故死亡。自卫队将中谷"合祀"在山口护国神社，其妻子中谷康子作为原告提起诉讼，要求撤消"合祀"。这一"诉讼合祀自卫官"所代表的事件（1988年6月1日最高法院废除了原告一审、二审胜诉的判决，原告反而败诉），事实上已经形成了单方面地将殉职自卫队队员"合祀"靖国神社的惯例。这表明即使在战后靖国神社仍然起着与战前一样的作用，加大了靖国神社恢复权利的进程。

在这样的政治环境下，1966年12月，不顾舆论的反对，

我们的战争责任
历史检讨与现实省思

日本政府通过政令公布了"建国纪念日"。将旧历2月11日视为皇室神话起始于7世纪的第一代天皇"神武天皇"即位的日子,是战前的"纪元节"的复活。并且与此同时,自民党的遗族议员协议会公布了"靖国神社法案",之后,要求国家管理靖国神社的运动开展得更加活跃。但是因该法案与宪法有极大的抵触、遭到舆论的强烈反对,亚洲各国也觉察到靖国神社再次复活、充当日本军国主义思想体系发生装置的危险性,不断提出了抗议和警告。对此自民党设立了"关于靖国神社法委员会",打出了"神社非宗教论"这一战前国家神道的口号,规定靖国神社不是宗教,强调靖国神社即使由国家管理,与宪法规定的政教分离并不相抵触,极力进行荒唐无稽的辩解。

1969年4月,自民党制定了包含上述主张的"靖国神社法案",打算向下一届国会提交此法案。与此同时,靖国神社也与自民党的这些行动动向相呼应,同年5月发表声明表示,如果该法案成立即刻从宗教法人中脱离。由于"靖国神社法案"明显地与宪法相抵触,全国各地掀起了阻止该法案成立的运动。在"靖国神社法案"中,加进了否定靖国神社宗教性质的规定。但实际上,可以说该法案通过表面上否定靖国神社的宗教性质,其本身反倒证明了靖国神社无疑是带有浓厚的宗教色彩的神社。人们不断地认识到该法案的危险意图,进一步开展反对法案的运动。自民党将过去曾一时废除的该法案再次作为议员提案提出来,充分表明了自民党为实现该法案成立的执意和用心。1974年4月，在众议员全体会议上终于通过该法案，后送交参议院审议，但是会期结束时自动废案而告终。

对于"靖国神社法案"，议会中赞成派和反对派展开的角逐中，事实上最后反对派占据优势，之后不久成为废案宣告结束。对议会立法措施不抱希望的赞成派，在总理大臣以及自民党保守派国会议员正式参拜靖国神社既成事实的情况下，又变换战术，试图争取靖国神社公的身份的认可。这就是70年代以后反复重演的总理大臣正式参拜。因此，继法案通过议会的计划受挫后，正式参拜是另辟途径、开始战术转换的具体体现。

靖国神社由国家管理和自民党

以上概述了恢复靖国神社国家管理的活动。那么历代自民党政权是怎样对靖国神社加以政治利用的呢？

战后，自日本获得独立的1952年（1951年制定、施行宗教法人法，靖国神社1952年9月经东京都知事认证成为单立宗教法人）开始，保守政党具体推出靖国神社国家管理（＝国家守护）的构想。最初出台的是"靖国社法草案构想"（自民党1956年3月14日发表）。对于自民党内主张国家管理靖国神社的推进派来说，最大的障碍就是日本宪法第九条的"和平主义"（规定放弃战争和不能拥有军队）和第二十条的"政教分离"（保证信教自由和禁止国家从事宗教活动）。

正因为如此，通过将与国家神道密切相关的"靖国神社"改称为靖国社，就是企图从形式上消除这种关系。并且，在"靖国社法草案构想"中加进了禁止宗教活动等看似排除宗教的表述，为设计"靖国社法草案构想"可谓绞尽脑汁、费尽心机。

正如许多法学家所指出的一样，要使违反宪法的法案成立，这是一种惯用的伎俩。此外，该草案构想中写有"靖国社，祭祀为国事殉难的人，表彰其遗德，以高扬国民道义、实现恒久的和平为目的"①，"英灵"、"合祀"等直接与国家神道有关的用语一概未用。这同样是表现出一种排除靖国神社宗教性的态势。

但是，自民党这一构想要将靖国神社改称为"靖国社"，并且将其置于内阁管理之下，由此遭到了遗族会的极力反对。遗族会是争取国家管理靖国神社的急先锋，而且是最大的压力团体。结果，自民党的"靖国社法草案构想"事实上被搁置了起来。到了1966年，再次提起国家管理靖国神社的构想，此次恢复使用"靖国神社"的名称，法案的开头加上了"按照日本国宪法精神"的词句，比上一次构想更加明确地强调遵循现行宪法以争取通过该法案。但是，因靖国神社表示强硬的反对，最终不得不去掉这一表述，加上由于新提出的法案构想

---

① 〔日〕国立国会图书馆调查立法考查局编刊《靖国神社问题资料》，1979年。

第三章 靖国神社和明治以来的战争

中没有写明代表靖国神社核心的"英灵"和"合祀",自民党的法案再次遭到日本遗族会以及各右翼团体等的反对。

自民党提出的有关靖国神社法案的构想,在经历了诸多挫败之后,自民党内部的法案推进派也开始转变姿态,在自民党内开始积极展开恢复靖国神社"真实面貌"的运动。当时自民党内出现了稻叶修(1909-1992年)为代表的一派,他们坚持"神社＝非宗教论",想要实现国家管理靖国神社。但与此相对,也有的主张不容许排除靖国神社的宗教性。其中,甚至也有表示妥协的一派,为了排除宗教性,不使用"英灵""合祀"这些基本用语。而将靖国神社表述为"缅怀""英灵"的场所,或者"慰藉"的场所、"称颂"、"留传"的场所,极力排除宗教性,由此强调靖国神社并不是将"英灵"作为"神"来"合祀"的等等,绞尽脑汁、设法出台一个减少与现行宪法抵触的折衷案。

但是,自民党内普遍认为,不可能完全消除靖国神社与宪法的抵触,对此逐渐达成共识。从此,党内靖国神社法案推进派渐渐地心灰意懒,失去了实现国家管理靖国神社法案的热忱。在经历了漫长曲折的过程之后,在1969年6月第一次上呈第61届国会(同年8月成为废案),1973年4月再次向国会提出,同年9月继续审议、审议冻结,同年12月审议冻结解除等,围绕此法案经历了持久的攻防战。后来,在1974年4月众议院内阁委员会上,自民党单独表决通过,第二个月的全体众议员会上，自民党单独强行通过该法案。上述的议会内展开的一系列攻防战，只不过是执政党与在野党之间进行的政治交易，至少在自民党内部，之后提出法案的意欲急剧地冷却。这些议会内的政治攻防，当然与日本社会广泛掀起的抵抗运动密切相关。即使法案推进派也不得不承认，要想通过法案必须要获得社会舆论的支持。

1975年8月15日，三木武夫（1907-1988年）首相作为战后的内阁总理大臣第一次参拜了靖国神社。虽然三木首相自己解释说此次参拜纯属个人行为，但是作为现职总理大臣，无论怎样为自己辩解，对内外都产生了非同寻常的影响。从客观上来说，在靖国神社法案已经没有希望在国会通过、成立的情况下，三木首相参拜靖国神社只不过是对党外势力的"表面奉承"。三木首相认为，由于党内基础脆弱，对于要求参拜的日本遗族会等压力团体以及与此相呼应的党内推进派不可能实行压制或与之抗衡。这是三木首相最终决定参拜的原因。

中曾根首相参拜靖国神社问题

与其说三木首相参拜靖国神社是出于首相本身积极的判断，不如说是向党内外坚持国家管理靖国神社势力的妥协。但是，进入80年代，随着内外形势的变化，特别是国内舆论右倾化，靖国神社问题出现了一些新的变化。由于日本成功地举

第三章 靖国神社和明治以来的战争

办了东京奥运会，继而又取得高度经济成长，在国民中滋生了大国民族主义意识。出口主导型的日本产业结构需要不断地开拓海外市场，特别是确保美国和亚洲诸国的输出市场都是不可缺少的。

在这种大国民族主义的背景下，即使一般国民以及大多数企业家和企业劳动者都希望彻底消除亚洲太平洋战争以来的"负面历史"。他们不愿承认过去的战争是侵略战争，而是积极地接纳"殖民地解放"战争、"圣战"这一歪曲的历史认识。并希望在亚洲再次寻求日本发展的基础，表现出在亚洲称霸的强烈愿望。在一味地追求日本的国家利益和大国民族主义的过程中，日本开始强化与美国的军事同盟。1978年11月27日确立的《日美防卫合作指导方针》，将自卫队定位为美国的后备军，开始探索增强军事力量（包括视情况实施海外派兵在内）。

1978年，也是将东条英机、板垣征四郎（1885–1948年）等14名"甲级战犯"作为"昭和殉难者""合祀"在靖国神社的一年。这一"合祀"是当时任靖国神社宫司的松平永芳采取近似于武断的方式强行实施的。战后，靖国神社一直对"甲级战犯的合祀"持有慎重的态度。也是出于顾及这一历史的原因，当时"合祀"是秘密进行的。所以，将可能引发的社会舆论及对内外的影响力求减少到最小程度。但是，将甲级战犯这一象征军国主义日本的人物作为"英灵""合祀"的事实，随后引发了激烈的争论。

中曽根康弘内阁时期，为了制定适应于企业向海外拓展的新的国家战略，开始构想能够与美国实施共同军事作战的自卫队海外派兵体制、"修订"宪法。同时，为了争取国民对这种企业战略和国家战略的支持，必须强化大国民族主义意识。因此，这一时期，促进正当地行使自卫队海外派兵，军事主义或者军国主义、民族主义和国家主义的气势大增。

福田赳夫内阁率先使自卫队的有事法制研究合法化，继而，中曽根内阁积极展开大国主义的国家战略，在国民中明显地形成了赞同军国主义思想体系的舆论，比以往任何时候更加积极地推行日美军事同盟路线。中曽根首相在日美首脑会谈时提到，加强同盟是为了"日美命运共同体"的关系，并且自卫队支援美国对苏战争，采取实施"四海峡封锁"（东西对马海峡、津轻海峡、宗谷海峡）的军事行动，日本列岛是座"不沉的航空母舰"，作为对苏作战的前沿基地、兵站基地为美国提供全力协助（1983年1月）。众所周知，这一发言后来在国内引发了重大的政治问题。

也就是说，日本明确地向美国保证，如果美国在亚洲发动战争，那么日本的自卫队将与其配合采取军事行动。并且再次强调了，为确保美国在亚洲的霸权地位，将日本列岛作为其在亚洲的桥头堡。这意味着必然进一步拓宽强化国内军事体制之路。以政治大国、军事大国为目标的中曽根首相所推行的这一系列政策，通过正式参拜靖国神社的行为具体地表现出来。

第三章 靖国神社和明治以来的战争

中曾根内阁之前，经过福田内阁而继承大平正芳（1910-1980年）内阁的铃木善幸（1911-2004年）首相（1980年7月17日，成立铃木内阁），自1980年开始到1981年、1982年连年参拜靖国神社，但因采取周到的"非正式参拜"的形式，因此并没有引起大的舆论反响。对此，各国的反应也并不明显。

但是，1982年11月27日，中曾根内阁成立后，参拜问题开始引起舆论的关注。1984年8月，中曾根首相出于个人考虑发起了"阁僚参拜靖国神社恳谈会"。1985年2月11日，中曾根出席"建国纪念日庆祝会"的"国民典礼"，并于同年8月15日断然正式参拜靖国神社。

中曾根首相自身强调坚持"正式"参拜，因此，当然不仅遭到国内舆论的批判，同时亚洲各国也提出了强烈的抗议和反对。中曾根首相本人明知参拜行为违反宪法，但依然一意孤行坚持正式参拜。中曾根首相想要通过正式参拜，唤起国民的意识，认识到现行宪法规定的"政教分离"是有缺陷的，从而达到"修订"阻碍自卫队发展成国家军队的和平宪法。

中曾根首相正式参拜靖国神社，并没有举行具有宗教性质的"洗手"、"驱邪"仪式，显然是事先进行了周密准备后进行的。没有实行宗教礼仪的话，则被认为与"政教分离"的宪法原则不相抵触，很显然这是在为参拜行为辩解。从当初来看，中曾根首相的正式参拜看起来是成功的。但是，亚洲各国，尤其是中国和韩国对参拜进行了严正的抗议，其反应之强烈出乎预料。对于中曾根首相坚持推进政治大国、军事大国的担忧发展成为外交问题。中国政府强烈抗议的是"正式参拜""合祀"甲级战犯的靖国神社。不管靖国神社具有怎样的精神和思想背景，在亚洲各国看来，首相的正式参拜是日本政府明确地肯定过去的侵略战争和殖民地统治的行为和姿态。

1985年9月18日（1931年柳条湖事件的爆发日），在北京举行了打倒中曾根政权的示威游行，这是中国人民对日本军国主义复活的抗议，是对日本首相中曾根以公职身份参拜靖国神社表示严厉抗议的群众运动。在此次示威游行的第二年，笔者于8、9月间访问了中国。在北京向听讲的中国外交部的人员做了题为"中曾根政权的建立和日本军国主义的复活"的演讲。当时使我感受最深刻的是，中国方面对日本首相的参拜行为感到极大的疑虑不解及强烈的愤慨。日本政府及日本人究竟从过去的战争中汲取了什么？是否反省过去采取了相应的政策？他们对日本政府深感失望和不解。

中日两国恢复邦交正常化，促进了相互间经济发展，同时，更为重要的是通过恢复邦交，两国发誓决不战争，并积极努力地改善两国关系，这是无可争议的事实。在中方来看，中曾根首相参拜靖国神社是一种背叛行为。

中国方面表示出极大的愤慨和强烈的抗议，这是出乎预料的。在日本，对此首先表现出忧虑的是进入中国市场的企业经营者们。中曾根首相自1983年开始，到1984年、1985年连续正式参拜,1986年不得不停止了参拜行为。并且,1985年2月11日取消了出席"建国纪念典礼"。中曾根首相以参拜靖国神社问题为杠杆、企图走向军事大国的大胆转换方向的行为,遭到来自国内外的严厉谴责,最终受挫而止。

正如政治学、宪法学学者渡边治曾指出的一样,"日本企业的国际化展开是至关重要的,因为如今资本企业向军事大国发展的欲求并不强烈。"① 中曾根首相想采取中央突破的政治姿态,即使在社会舆论明显保守化的80年代中期,也未能赢得日本企业的支持,并且遭到了国民的反对。

90年代新展开的靖国神社参拜问题

有关靖国神社问题,日本政府在围绕1989年1月7日举行的"裕仁天皇大葬之礼"议事过程中有了新的展开。坚持推进靖国神社由国家管理的诸势力本身存在矛盾和分歧,但是,却想通过天皇换代的一系列仪式,消除社会舆论中对国家主义思想意识排斥或抵触的因素。也就是说,在"大葬之礼"中,诸如使用神社大门、祭祀殿堂的仪式全部是按照神道的仪式进行的。对于运用这些神道丧祭仪式,从各面曾提出异议,指出

---

① 〔日〕渡边治:《日本的大国化和新国家主义的形成》,樱井书店,2001年。

是违反宪法的行为。但是，舆论媒体方面保持低调，没有对此做出积极的响应和附和。在不断地进行以神社神道、国家神道为主的仪式中，事实上靖国神社作为震源，将军国主义思想意识不断向外扩散传播、波及到全国。

自民党以及各保守势力，为了恢复靖国神社的功能，对这种新的可能性加以政治利用。进入90年代后，新保守政治势力开始抬头，主张重新检讨战后保守政治，以"向国际社会做贡献"为名，积极地迈向政治大国之路。他们所提倡的"国际贡献"，不仅限于经济方面，也包括军事方面的贡献，强调向海外派遣自卫队作国际贡献的必要性。

在这种新的保守势力中，为了实现包括日美共同军事作战的军事上的"国际贡献"，首先需要赢得国民的赞同。为达成这一目的，重要的理论不是战后民主主义，而是以天皇以及天皇制为中心的国家形态，强调要注重加强国家主义的涵养。

而另一方面，战后日本按照国家主义进行国民统治存在一定的困难，为此打出了"为实现世界和平作国际贡献"这种冠冕堂皇的旗号，名曰发扬国际主义，而实质上是想要扩大自身的军事，抱有这种思想意识的集团势力大大增强。虽说是新保守势力，但其构思及方法论却是多种多样的。

在此想要强调指出的是，裕仁天皇死后举行的"大葬之礼"，以及明仁天皇的"即位典礼"和"大尝祭"仪式等，通过天皇换代的一系列仪式，宪法上规定的政教分离的原则事实上变得

第三章 靖国神社和明治以来的战争

暧昧了。

通过加强自我约束抑制国民意识,以及举行国家大典启发国民意识,积极地宣扬国家意识以及民族主义思想,进而促进人们对天皇制的怀恋和追忆,将国家神道的意识形态渗透到国民的意识中,这是采取与以往不同的形式,成为让国民接纳靖国神社思想的契机。

1991年1月,海湾战争爆发时,日本提供了130亿美元,想要炫耀展示"向国际社会作贡献"。日本之所以不惜拿出巨额资金,是为了赢得国民的广泛赞同,支持新保守势力提出的为"世界和平作国际贡献"这一口号,尽管这种举措未必能充分得到舆论的赞同。

同时,这一时期对美国进行战争提供人力支援,也就是向海外派遣自卫队问题成了议论的焦点。由于受宪法制约以及社会舆论的反对,虽然及早地放弃了海外派兵的打算,但是政府内对于实现海外派遣自卫队后可能出现殉职官兵的待遇问题进行了认真的讨论。此外,在市民中间,担心海外派兵可能造成自卫官兵死伤,因此展开了反对和抗议活动。并且派兵后一旦出现人员伤亡,将殉职者"合祀"在靖国神社的话是与政教分离的原则相抵触的,对此,舆论方面也展开了激烈的讨论和争议。

1990年11月12日明仁天皇"即位"("登基典礼")。在此后的大约10年间,随着东西冷战体制崩溃后有可能出现新型战争这一预感的增强,靖国神社问题再次被提了出来。90年代在强化日美军事同盟的过程中,重新定义了日美安全保障条约,并且签订了日美防卫合作新指针,加强了各种有事法制的"整备"。在这一时代背景下,小泉纯一郎首相公然参拜了靖国神社。

将靖国神社规定为由国家管理的神社,从根本上说是忘记和停止"反省过去"。这是与日本宪法发誓永不战争,与世界人民一起共同创造和平国家这一日本战后的目标相违背的,是倒行逆施的行为。

以下,就小泉纯一郎正式参拜靖国神社的政治目的和违宪性加以论述,并指出,这种行为明显地践踏了日本宪法所倡导的争取与亚洲邻国和解和共生的理念。

坚持正式参拜的理由

前首相小泉纯一郎表明正式参拜靖国神社后,中国、韩国以及亚洲各国不断提出抗议,要求停止参拜,遭到了前所未有的严厉的谴责。但是,日本外交当局认为通过外交谈判可以平静事态。小泉毫不顾忌亚洲各国人民的抗议,虽然避开了2001年8月15日,但是却在8月13日进行了正式参拜。比预定日期提前两天参拜只不过是采用了一种权宜的手法。

日本遗族会为首的诸势力强烈要求8月15日战败之日进

第三章 靖国神社和明治以来的战争

行正式参拜。小泉首相采取了所谓"舍其名、取其实"的做法，一半迎合了国内支持者以及请求参拜集团的要求，同时针对来自亚洲各国的批判，希望通过避开战败日参拜、以期减少或平息外部反应。但是，最终的结果是，国内诸势力表现出不满，并且失去了亚洲各国的信赖。导致日本和亚洲各国间的关系更加趋于恶化。对于这种后果既然事先已经有所预料，为什么小泉依然一意孤行、固执地坚持正式参拜呢？其具体的理由是什么呢？

第一，因为党内基础脆弱，小泉想要通过正式参拜"靖国"、强化党内的政治基础，争取来自党外的支持。

从历史上来看，自民党及其支持派一直要求正式参拜靖国神社，历代首相设法维持平衡，从某种意义上讲，始终是迎合自民党的要求。但是，可以说这种迎合的做法对政权的稳定几乎没有影响。对于政权来说，有时需要小心谨慎、注意与靖国神社保持适当的距离，这是为了争取选票、出于政治上的需要。因为靖国神社周边的各团体、组织、集团势力是不容忽视的。

但是，小泉首相坚持正式参拜靖国神社，与历代首相的正式参拜有着根本的不同。小泉希望通过靖国神社参拜强化政权基础，积极地寻求政治上的利用价值。为了铺设右倾路线，获得党内外的支持对于维持政权是不可缺少的。也就是说，参拜的目的是为了强化政权基础，是出于极其现实的政治判断。

小泉坚持正式参拜的第二个理由，实际上也是最本质的问题,迄今为止的桥本(龙太郎)、小渊(惠三)、森(喜朗)执政的历代自民党政权,一贯追求"和平国家",小泉政权想改变这一模式,将日本建成为以日美军事同盟为中心的"战争国家"。

为了加速推进这种国家模式的转变,小泉政府制定了《地方分权一揽子法》(2004年),修订了《周边事态法》(2006年),一步一步地向着战争国家迈进。但是对于实现战争国家来说,不可缺少的是"能够战争的国民",正式参拜靖国神社其中也含有唤起国民意识之目的。

总之,作为"战争国家日本"(=高度国防行政国家)必不可少的条件,需要在国民中形成一种忠诚于国家目标、誓死献身的国民意识,靖国神社正是可以顺应这一目的、发挥效用的政治设施。正式参拜的真实意图就是想重新评价靖国神社的作用,重新创造天皇制意识形态来统一国民意识。

正式参拜问题何在

针对前首相小泉纯一郎正式参拜靖国神社,不必说日本国内,中国、韩国等亚洲各国表示强烈的反对和抗议,美国对正式参拜也接连不断地表示谴责。

比如,当时韩国驻日本大使崔相龙,到日本外务省访问,强烈要求"希望尊重韩国以及韩国人民的感情,并表示诚意",

第三章　靖国神社和明治以来的战争

并且，韩国的执政党新千年民主党也抑制不住强烈的愤慨，谴责说"尽管亚洲各国以及世界提出严厉的警告，还是一意孤行坚持参拜战犯，这严重地伤害了包括我国人民在内的亚洲各国人民的感情"。同时，在韩国国内，韩国外交通商部副部长崔成泓，召见日本驻韩大使，提出严正抗议，"尽管我国政府多次表示忧虑，依然参拜了象征日本军国主义的靖国神社，对此深表遗憾！"崔副部长强调，给亚洲各国带来巨大战争危害的战犯"合祀"在靖国神社，这种参拜行为实在令人遗憾。

尽管亚洲各国提出了诸多的抗议和警告，小泉依然强词夺理进行辩解，说什么参拜靖国神社只不过是祈求和平、向阵亡者表示哀悼，并不违背日本宪法，作为日本人是极其自然的感情表露，参拜是无可非议的正当行为。这种辩解是站不住脚的，至少从大的方面来说有两点是极其错误的。

首先，小泉所说的"祈求和平"只是其自身主观的判断，根本不是寻求普遍意义上的和平。也就是说，战后日本的和平，当然必须是包括亚洲各国人民在内的世界共同的"普遍的和平"。小泉参拜靖国神社，遭到曾受日本侵略过的亚洲各国人民的强烈反对，以至对日本的警戒和担忧。这种打着"和平"旗号的参拜行为是与热爱和平的广大人民的意志相违背的，必须真诚地接受来自亚洲各国的批判和抗议。总之，小泉所认为的和平，只是适用于日本的"一国和平"论，并且与大多祈求普遍和平的日本国民的认识也有着天壤之别。

小泉身为日本首相，其发言和行为当然是代表日本国家，因此是向世界发布日本政府的正式见解，其言行必须是基于客观的并且符合历史事实，决不能按自己的主观行事。可是，小泉及其周边的人，对于自己的言行及其造成的后果没有任何悔过或反省的迹象。

第二大错误就是肯定战争的问题。"向阵亡者表示哀悼"本身，属于按照个人体验及价值观的纯个人感情问题，当然，他人对此无可指责或进行批判。

但是，首相利用靖国神社，表示哀悼之意这一宗教行为本身，不必说是违反宪法的。向美化成"英灵"的阵亡者——侵略战争的战犯表示哀悼之意，不管是出于怎样的意图，其结果都以具体行动来肯定日本的侵略战争。令人极其遗憾的是，对此小泉首相没有丝毫的意识和感触。

以一个历史研究者的视点来看，包括亚洲太平洋战争，近代日本国家不断地重复侵略战争，这是无可否定的历史事实。日本侵略战争造成大量的日本人死亡，但是，那决不是英雄的死，也决不是值得颂扬的死。明治以来日本企图靠军事手段实现扩大领土和市场这一政治、经济目标。仅这一点，即使是为国献身的阵亡者，也决不是我们后代在亚洲人民面前加以肯定和颂扬的对象。

为侵略战争献身的阵亡者，可以说他们的死完全是无谓的牺牲，是毫无价值的。他们在天皇和国家的名誉下被强行征兵

第三章 靖国神社和明治以来的战争

参战,面对饥饿、伤残及随时死亡的恐惧。如果说对这些士兵的处境表示同情,也是自然的。但是他们的行为决不能视为英雄的行为。如果是真正地体谅士兵的痛苦,就必然坚决否定战争行为。只有通过不断地否定那场侵略战争,才能真正地慰藉那些阵亡者的灵魂。不要仅仅给阵亡者冠以"英雄"、美化为"英灵",决不允许对阵亡者加以政治利用。

为什么无视亚洲的呼声

小泉首相之后,安倍、福田、麻生三任首相没有参拜靖国神社。但是,不仅限于自民党,包括民主党在内的许多国会议员于8月15日继续参拜靖国神社,很多国会议员认为日本应该建成能够进行战争的"普通国家"。从这一意义上来讲,小泉正式参拜靖国神社不能仅仅视为个人意愿或者个人思想意识的问题,有必要进一步深入探讨。小泉参拜靖国神社,是具有某种政治意图的政治行为,同时也是日本社会现状的反映。以下,将对此加以具体分析和论述。

对于保守势力来说,正式参拜是促使国家主义复活以及在亚洲重建战后版的"国民国家日本"的绝好机会。在保守势力看来,战后日本国家观念变得极其薄弱。此外,进入21世纪,日本在亚洲的地位相对低下,在亚洲各国的急速发展中正逐步地被淹没,因此有强烈的危机意识。为了摆脱这种危机意识,认为有两种方式。其一是依据狭隘的国家主义，培育彻底的"国民国家"的价值观。其二是与此相反，无论从思想上还是历史认识上超越"国民国家"，追求普遍的价值，消除"国境"的观念。从现实来看，日本资本主义的发展已经朝着跨国/国际化发展，局限于一国的经济已经显露出了危机。

进入 21 世纪后，日本以完善有事法制、行使集团自卫权等为前提，企图修改宪法、为加强国家对教育的统治管理修改教育基本法等。这样，在政治、历史、思想各个领域中，90 年代小渊惠三、森喜郎执政期间并未成为争论焦点的问题，相继成为政治论争焦点。特别是，靖国神社是天皇制意识形态的源泉，是从政治上加速实现狭隘的"国民国家"的政治设施。小泉正式参拜靖国神社是以统一国民意识为目标，努力确保 21 世纪日本在历史、文化上的地位。在此，并不是完全否定国家主义，但是，至少应该指出的是，企图重新强化国家主义必将脱离亚洲各国、陷入孤立的境地、阻碍市民意识的发展和形成。

下面，从宏观的视点进一步加以分析。进入 21 世纪，日本有重新发展亚洲门罗主义的倾向，小泉的正式参拜，实际上就是具体的启动标志。在亚洲太平洋战争期间，日本为了改变既往在资本和技术方面依存于欧美先进国家的局面，建立自立的帝国主义的国家战略、确立未来国家发展的方向，由此提出了亚洲门罗主义的主张。具体来说，就是日本要在亚洲获得霸

第三章　靖国神社和明治以来的战争

权地位，最终成为"大东亚共荣圈"的盟主。

不能按主观判断来推测中国等国家将成为未来 21 世纪亚洲的主导国。日本想要超越中国等竞争对手成为主导国，历史认识问题将成为突出的问题。日本的历代保守政权，认为过去的亚洲太平洋战争并非是侵略战争，而是亚洲解放战争，想要从历史上肯定并确立日本对亚洲的贡献。

之所以如此，这是因为如果承认过去的战争是侵略战争，那么就不能实现当今日本统治阶层所构想的第二个"大东亚共荣圈"。虽然不能露骨地称"大东亚共荣圈"，但为了在亚洲肯定日本的历史贡献，日本统治阶层认为有必要向国内外大力宣传普及亚洲解放战争论。

由此，作为掩盖侵略战争实质的设施，再次考虑到了靖国神社的作用。东条英机等侵略战争的头目"合祀"在靖国神社、将其美化为"英灵"，参拜靖国神社，目的就是想要表明，国家要全力肯定亚洲解放战争论。在战后日本的发展过程中，反复不断地提出亚洲解放战争论。"新历史教科书编撰会"所编撰的历史教科书也断然否定侵略战争，试图从侧面支持新亚洲霸权国家的诞生。

也就是说，为了消除日本宪法中明确记载的过去的战争是侵略战争这一历史认识，必须否定宪法的历史认识。正因如此，"编撰会"的历史教科书竭力地否定侵略战争。靖国神社正式参拜问题也和历史教科书问题及修改宪法的动向等问题密切关联，同出一辙。

靖国神社和"国民意识"

无论战前还是战后，靖国神社一直是统一"国民意识"的极其重要的政治设施。因战败被否定的天皇制观念形态就是统治"国民意识"的核心。这一"国民意识"通过首相正式参拜这一"国事活动"加以正当化，其结果是国家要重新对"国民意识"实施控制和管理。

靖国神社，想要创造适合于战后版"战争国家"的新的"日本国民"，同时恢复和强化"日本人"的"天皇制国民国家"的意识。此外，如果持续推进日美军事一体化，不仅将会出现有事（＝战争）时参战的自卫队员的牺牲，而且还会带来基于新的有事法制出现的"民间人士"的牺牲。为了对应这一事态，政府开始及早地为将来的"战死"者进行国家管理和补偿体制的准备。

现举一事例加以说明。在笔者居住的山口县，前面介绍的中谷康子在丈夫去世后，为拒绝将其合祀在神社提起了诉讼，1988年6月1日最高法院做出判决后，中谷等依然每年6月第一个星期六举行集会，前往靖国神社下属的山口县护国神社要求撤回"合祀"。笔者自身于10年前移居山口以来，每年坚持参加这一活动。1991年11月27日，日本国会强行通过

第三章 靖国神社和明治以来的战争

了《PKO协力法》。1992年9月17日第一批自卫队参与维和人员从广岛县吴港出发前往柬埔寨。在这种状况下，上述集会及要求撤回"合祀"的活动开展得更加活跃。

也就是说，从此时开始，向海外派遣自卫队成为现实问题，在可能出现新的殉难者的情况下，日本政府及防卫厅（现在的防卫省）方面再次认识到靖国神社的重要作用，因此，开始积极地探讨靖国神社由国家管理的途径。在日本不断向战争国家演变的过程中，"合祀"具有更加浓厚的政治意义，已经不仅仅是作为慰藉遗族的宗教性场所。遗族想要得到安抚和慰藉，并不是希望国家将"个人"的死赋予某种政治意义。在此需要指出的是，强制派兵造成新的牺牲者，并为此准备"合祀"的本身蕴含着极其深刻的问题。

上述的山口县中谷康子为拒绝合祀的诉讼事件，山口县护国神社对我们提出撤回合祀的要求，只是不断地重复说"有祭祀的自由"。暂且不论神社方面究竟是否对"合祭"抱有怎样的认识，"祭祀的自由"这一理论正是现在国家直接强调的理论本身。以国家的名誉进行"祭祀"，目的是要重新向国民确认"献身国家"是极其崇高的行为，必须充分地认识和批判这一理论所隐含的危险性。前首相中曾根所说的创造"甘愿为国而死"的国民这一国家理论，现今正在引发争议。

战后，我们通过自觉地认识这种"献身国家"的错误及其危险性，努力接受摆脱成为侵略战争加害者的和平的理论，增强与亚洲及世界共生的思想。决不能容忍国家和神社强调的"祭祀的自由"这种自我编造的理论。

不言而喻，小泉的正式参拜是与宪法第二十条第三项（"国家及其机关都不得进行宗教教育以及其他任何宗教活动"）相抵触的。同时，在东京审判中被判处绞刑的东条英机等14名甲级战犯作为"昭和殉难者""合祀"在靖国神社，小泉到此参拜就是公开肯定这些战犯。也就是表明，日本政府不能将以前的战争作为侵略战争进行反省和总结。

如果按照小泉所说的，为日本国家战死献身的人们"表示哀悼是自然的感情"，那么，将甲级战犯"合祀"在神社，而对那些包括遭受原子弹爆炸、空袭等大量死伤的无辜的人民，尤其是冲绳战的所有被害者，国家为什么不将他们一起"合祀"呢？另外，在西伯利亚拘留中死去的人们，以及在过去的朝鲜和台湾等殖民地被强制地作为"日本人"参战牺牲的人们，对所有这些人并不作为"合祀"的对象，对此，又该如何解释呢？

由此可见，"合祀"本身的标准就是暧昧的，是根据政治判断对死加以区别。从这一意义上讲，正式参拜决不是表露自然感情，而是出于高度的政治战略，只是对死者加以政治利用，甚至可以说是想要歪曲历史。

1985年8月15日，在政府关于中曾根首相进行正式参拜的政府答辩书中，为了回避违反宪法规定的政教分离的原则，提出了"目的·效果说"，事实上司法也对此加以认同。然而，并不能根据宗教性的强弱而否定宪法原理。引人注意的1977年7月津地镇祭诉讼案中，最高法院的判决正是偏重于"目的·效果说"。在该判决中，"容许的范围"的基准是暧昧的，什么样的基准都是可以设定的。事实上，此后同样的诉讼判决也都是暧昧的。

从这种意义上讲，可以说，这一"目的·效果说"是给政教分离的宪法原理打开一个缺口，使宪法空洞化。小泉参拜靖国神社之际并未提出这一主张，但是为了回避违法宪法的批判，继续依据"目的·效果说"及津地镇祭诉讼案中最高法院的判决，由此不可避免地将增加继续参拜的可能性。

从靖国神社所代表的历史性和宗教性，换句话说就是代表的军国主义和国家神道这两个"思想和理论"（＝意识形态）来看，小泉正式参拜靖国神社意味着什么呢？无非是要"日本国民"仿效小泉的个人行为，信仰靖国。总之，是要将战后民主主义否定的思想意识强加于国民，是践踏了"思想·信教自由"和"政教分离"原则的。

笔者作为一名历史研究者，主要是研究日本近现代史中总体战体制的构筑过程。日本自明治以来，对于抵抗天皇权威以及国家权力的国民意志实行压制，平时利用一切机会和设施向国民灌输"对天皇的从属意识"。由于日本人民没有经历过市民革命，也从没有充当过创造历史和政治变革的主角。明治国家也是由于明治维新这一政变促使德川幕府及各藩的封建统治体制崩溃。并且,战后也同样是侵略战争失败后,在外部因素主导下而开始的。也许是经历了这样的历史过程,至今许多日本人依然对国家进行的精神和思想动员一直是事不关己、漠不关心的态度。

由于日本近代史的特征和日本人所处的历史环境的特征,进入21世纪,再次启动了靖国神社这一设施来控制国民政治和意识形态。小泉出于某种高度的政治战略进行正式参拜,从整体上来看,至少可以将其参拜行为看作是启动战后版的国民精神、思想动员的具体标志。

此后,所经历的安倍、福田、麻生三届自民党短期政权,也许是"扭曲国会"的影响及政治力量不足,虽然均避开参拜靖国神社,但是至少在政治上依然否定以自由、自治、自律为原理的战后民主主义的目标和理念。我们必须保持警惕,防止偏离或改变日本宪法所倡导的目标和理念。

第 四 章

日本侵略了亚洲

——歪曲历史而失去信赖

殖民统治意识淡薄

日本过去对中国台湾和朝鲜实行殖民统治是毋庸置疑的历史事实。但是，战后许多日本人虽然知道这一历史，但是对于日本拥有殖民地的历史背景漠不关心，日本人缺少过去实施过殖民统治这一自觉意识。在此，突出表现出了战后日本人历史认识的问题。因此许多日本人，根本不关心遭受日本殖民统治的人民的感受，也不想了解他们又是怎样不断地对殖民统治进行抵抗的。尤其在此想要强调的是，殖民统治是在什么时候、怎样的情况下结束的？日本人同样是漠不关心。更确切地说，殖民地统治的结束这一事实，被"日本战败"

所割裂和忘却了。

　　本来这两个问题是密切相关的，但是，战后日本人并没有把战败和放弃殖民地放在同一层次来把握。当然，其原因与战后对亚洲的认识是密切相关的。无论是台湾还是朝鲜，当时都出现了抵抗日本殖民统治的反日运动，有不少抵抗组织持续开展着抵抗活动。可是，战后日本人没有经历过像法国1954年开始的持续7年零6个月的"阿尔及利亚殖民地独立战争"（1954年11月至1962年3月），可以说"战败"和亚洲诸国的"独立"几乎是具有同样意义的。因此，在日本人的意识里只不过感到殖民地是"自然消亡"的。

　　加之战败后出现了东西冷战结构这一新的国际秩序，作为美国亚洲战略重要一环的日本的赔偿问题被搁置了起来。其结果是，在没有追究殖民统治责任的情况下，日本能够顺利地从殖民地"撤回"。尤其是，由于朝鲜南北分裂，已经不再是追究日本殖民统治责任的统一国家。而在中国，由于蒋介石的国民党和毛泽东领导的共产党之间进行内战（1945–1949年），国内同样处于不稳定的状态。自东西冷战体制开始，日本检讨殖民统治的责任问题被搁置了起来，甚至从人们的记忆中也消失了。不仅如此，自日韩两国签署《日韩基本条约》[①]前后，

[①] 日韩基本条约，日本与韩国于1965年签订的、有关两国关系基本立场的条约。据此，日韩实现邦交正常化。——本书审校者注

第四章　日本侵略了亚洲

不断出现肯定殖民统治,将其视为正常化的"朝鲜近代化论"。比如,说什么由于日本的殖民统治对实现朝鲜的近代化作出了贡献,由于日本近半个世纪对台湾实行统治,促使台湾实现了近代化,从而能够从中国获得独立等错误主张。

考虑这些问题的时候,说起来首先要弄明白亚洲太平洋战争究竟是什么样的战争?也许乍看起来这似乎是绕弯的方法。之所以提出这一问题,是因为在重新追问日本对亚洲诸国的侵略本质——在中国台湾、朝鲜的殖民统治,建立"伪满洲国"(伪满洲帝国)傀儡政权,以及对荷属东印度(印度尼西亚)和英属马来亚、美属菲律宾的占领统治等的过程中,最终还是要归结于自身如何评价亚洲太平洋战争这一问题。

如今日本仍有一些人赞同那场战争是"亚洲解放战争"的评价,日本曾经是殖民地统治者的自觉意识十分淡薄,其原因就是没能够充分地概括总结亚洲太平洋战争这一问题,在此,笔者想就这一问题进行考察。

何谓亚洲太平洋战争

战后,日本在谈论现今的历史问题时使用"过去的战争"这一词语,这主要是指从"满洲事变"("柳条湖事件",1931年)爆发到战败为止长达15年间的亚洲太平洋战争。但是,如前所述,亚洲太平洋战争是在以暴力和镇压为特征的日本近

我们的战争责任
历史检讨与现实省思

代化过程中发动的战争，同样，日本自出兵台湾①开始发动的所有的对外侵略战争也不可忽视，都属于过去的战争。先说结论的话，就是亚洲太平洋战争是日本对亚洲的侵略战争，对英美战争是亚洲侵略战争的延续。

当然对于历史的认识和解释有多种多样的观点和说明，许多人与我持有的观点和主张不同，对此，笔者并不打算不分原由地一概否定。但是，如果就对英美战争而言，仅仅将其理解为侵略和防卫这种两相对立未免过于单纯。比如，有的将其视为帝国主义之间的战争，也有的认为是法西斯对反法西斯的战争。也就是说，与英美之间的战争包括许多侧面，在战后国内外进行的各种历史研究中引起广泛的议论。

但是，从日中战争扩展到整个亚洲的帝国日本的战争，不外乎都是侵略战争。对这一点，必须确立共同的历史认识。同时，关于日本的殖民统治，无论从形式上采用了怎样的融合政策，日本的统治及对殖民地人民的压迫是千真万确的事实，任何人都不能否定在统治过程中采用军事强压政策对殖民地的人民进行恐吓、强制灌输日本文化的"事实"。

可是，至今依然有将亚洲太平洋战争称为"大东亚战争"，将其说成是"亚洲解放战争"的主张。如今，由于历史问题

---

① 出兵台湾，指1874年日本借口琉球渔民在中国台湾被杀害而出兵侵略台湾的事件。——本书审校者注

引起政治上的争议和分歧，持有这种历史认识的政治家、官僚以及文化人大有人在，其发言也具有一定的政治影响力，引人瞩目。

在确定了过去战争性质的基础上，不仅仅是要追问亚洲太平洋战争是不是侵略战争这一单纯的是非判断，还需要确认亚洲太平洋战争究竟是怎样的战争这一基本问题，探讨存在问题的原因。根据这样的课题设定可以从多种意义和多层次上去把握过去那场战争，同时也可以探讨提倡"解放战争"这一主张的背景。诚然这一课题设定包括容许"亚洲解放战争"论的可能性，并不是从最初开始否定这样的结论。如今之所以反复提起"解放战争"论，必须分析滋生这种荒唐言论的历史认识及历史环境，可以说这正是重新认识何谓日中战争所不可缺少的方式。

到目前为止，已经有很多否定"亚洲解放战争"论的历史研究。当然，并不是所有的都达成了共识，我们应该自觉地认识到战后日本历史认识欠缺这一问题。正因为如此，最好不是采用"开始就有定论"的方法。

对亚洲太平洋战争的三种见解

在论述亚洲太平洋战争是不是"亚洲解放战争"时，至少存在三种见解。

第一，主张有必要弄清楚当时的战争领导层（=战争主体）

发动战争的目的，也就是探讨"亚洲解放战争"论的根据。在此，当然重要的问题是为什么会提出来"亚洲解放战争"论。该主张的观点是，领导层不得不将战争目的定为"亚洲解放"，是当时的国际历史环境起着决定性因素。也就是说，提出"亚洲解放"论的根据不是主体且内在的因素，而是受到客观且外在因素的影响。

第二，就是历史研究者及亚洲各国人民对亚洲太平洋战争的评价。在此，追究战争责任问题，也就是谁是战争的主体、谁应该承担战争责任？由此进一步追究殖民统治、军政殖民统治的责任。探究战争责任的主体是直接关系到战争性质和评价的问题，从某种意义上说是战后历史学研究的最大课题。由此，日本法西斯研究、天皇制研究、军国主义研究等全面剖析战前日本国家，取得了诸多的研究成果。

第三种观点认为，反复不断地主张"亚洲解放战争"论，是与战后日本社会及日本人的历史认识密切相关的问题。由此，针对现代日本社会出现的军国主义、右倾化问题，提出如何检讨反省侵略和殖民统治的责任是当今亟待解决的课题。为了对应这一课题，在纠正历史修正主义的同时，找到解决历史问题的方法，通过学习和认识侵略和被侵略、殖民统治和被统治这一对立的历史，从而寻求历史和解的途径。可以说这是达成双方相互信赖的唯一的方法。

日本人对于过去战争的加害意识极其浅薄，其中存在着诸

第四章 日本侵略了亚洲

多的原因。与欧美拥有殖民地的国家相比较，日本人对殖民统治的认识也是极其淡薄的。对于那些在殖民地劳动生活、在殖民地出生后来归国的日本人来说，殖民地也许是往日生活的追忆。但是，对于在日本的殖民统治下、在军政统治压迫下忍痛呻吟的殖民地人民来说，昔日处在日本殖民统治下的生活记忆，是难于忍受的痛苦经历。可是，战后许多日本人不能体谅遭受殖民统治的痛苦和感受，对于那段历史渐渐地淡忘了。究其原因，可以说存在着外在和内在的因素。

最主要的外在因素就是，在东西冷战的国际人环境中，过去处于日本殖民地及军政统治下的亚洲各国、各地区所诞生的权威主义政权，他们为获得日本的经济援助，对于民众对日本的不满一直采取压制政策。尤其是在韩国，军事独裁政权长期执政，他们对于批判日本殖民统治及要求战争补偿的群众运动和呼声不断地进行压制。日本对历代军事政权给予扶持和支援、提供贷款，同时通过出口获得自身的经济利益。直到迎来冷战结束的90年代初，在中国台湾地区及亚洲诸国，追究日本的战争责任的呼声终于开始表现出来。

在长时期的东西冷战期间，日本人虽然知道过去领有殖民地的事实，但是对于过去实施殖民统治的实际状况漠不关心。不仅如此，甚至散布言论说，日本的殖民统治及军政统治不仅在中国台湾地区和朝鲜，甚至在印度尼西亚和菲律宾等东南亚诸国，为推进该国家和地域的近代化奠定了一定的基础。

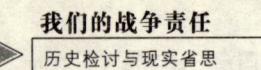

我们的战争责任
历史检讨与现实省思

在此,拟围绕对殖民统治认识淡薄这一问题,进一步剖析"殖民地近代化论"以及国民意识中至今残存的实施殖民统治的帝国意识。

"亚洲解放战争"论的根据何在

以对英美开战为前提,陆海军当局就战争目的(开战目的)达成协议,于1941年9月6日,也就是临开战前3个月制定了"对英美法战争指导要领"。目前还尚不清楚其整个决策过程。据现有的资料判断,最早开始议论战争目的是在当年11月11日举行的大本营政府联络会议上。当时讨论了"对英美法战争指导要领",使用了"自存自卫"的用语。另外,在当年11月15日举行的第69次大本营政府联络会议上,审议了"关于实施南方战争事项",其结果,在次日的大本营政府联络会议上通过了《促进结束对美英荷蒋战争的内部方案》。在此案中表明,将战争目的确立为"迅速地击溃美英法在远东的据点,确立自存自卫基础"①。

陆军方面坚决主张以"自存自卫"为战争目的,而海军方面则主张,也将"大东亚共荣圈"或者"大东亚新秩序"建设作为战争目的。总之,在进攻东南亚之后,为了隐蔽侵略战争

---

① 〔日〕参谋本部编《杉山笔记》上卷,原书房,1967年。

第四章　日本侵略了亚洲

的内幕，确立以自给自足为前提的战时体制，提出了"自存自卫"的口号。同时，随着太平洋战争区域的扩大，提出了"大东亚"这一新的地理概念，为确保日本的霸权开始使用"大东亚新秩序"的用语。

陆海军围绕战争目的存在争议，但在选择侵略方面相互之间是一致的。但是，正如军事史研究者所指出的，倾向于短期决战的海军和抱定长期作战准备的陆军之间存在着战略上的差异，由此海军以及海军部门的指导者对于建设"大东亚新秩序"这一宏大的国家战略目标持消极的态度。日美开战①后在 1941 年 12 月 12 日召开的内阁会议（东条英机内阁）上，决定将日中全面战争（1937 年 7 月 7 日）为起点、一直到日本对英美荷战争为止的战争称之为"大东亚战争"。但是，此后，陆海军围绕战争目的的论争也并未就此罢休。不过，可以说在进入了总体战阶段之后这一矛盾没有表面化。

自开战阶段伊始没有达成统一战略的亚洲侵略战争，其推进的结果是日本步步败退，最终败给了亚洲人民的反日运动和抗日战争。但是，战败后，由于冷战局面日本对亚洲侵略的历史事实被掩盖了起来，从而失去了追究和反省历史事实的机会。

---

① 日美开战，1941年12月7日（当地时间），日本未经宣战，以海空军偷袭美国在太平洋地区的主要海空军基地珍珠港，美国太平洋舰队遭到惨重损失。次日，美国对日本宣战。太平洋战争从此开战。——本书审校者注

我们的战争责任
历史检讨与现实省思

其中，表现出来的则是符合自身需要的亚洲战争观。

60年代，日本对亚洲的贸易逐步扩大，随着经济关系的强化，再度失去反省认识"负面历史"的意欲，与其清算过去的历史，更为重要的是加强现在及未来的经济关系，这一观点占主导地位。日本侵略亚洲及加害责任的问题，在优先发展两国间关系的背景下被搁置了起来。

亚洲诸国、地区的领导者，为了加强与日本的经济合作，努力振兴和发展本国经济，对日本过去的加害避而不提，甚至将过去的战争和战后的经济发展联系在一起，积极地评价日本发挥的作用。因此，抑制和消除了以往饱尝战争痛苦的许多亚洲民众的呼声。比如，在长期处于荷兰殖民统治下的印度尼西亚（荷属东印度，简称"荷印"），完全不顾在日本的军政统治下发生诸多虐杀事件的历史，说什么"亚洲的希望是粉碎殖民地体制。大东亚战争是日本代表我们亚洲人决然实施的战争"（印度尼西亚原总理穆罕默德·纳齐尔），并且还一再强调地说什么"印度尼西亚要特别感谢的是，战争结束后1000名日本军人没有归国，协同印度尼西亚军队共同与荷兰作战，为印尼的独立作出了贡献。将战死的日本人祭祀在国军墓地，称颂其功绩并授予了特殊勋章，但仅仅这样是微不足道的"（印度尼西亚原复员军人省长官桑巴斯），强调旧日本军人对印度尼西亚独立作出的贡献，试图说明日本和印度尼西亚好像自战争时期一贯保持了亲密友好的关系。

第四章 日本侵略了亚洲

另外，即使在亚洲最大的英国殖民地、过去称为英国资本主义"宝库"的印度，也流传着日本的亚洲战争对印度独立作出了巨大贡献的说法。比如说什么，"缅甸、印度尼西亚、菲律宾等东南亚诸国消除了殖民统治而相继获得了独立，这是日本为我们点燃了争取自由之火，我们必须铭记"（原印度国民军大佐哈比布鲁·拉曼）；并且还说什么，"印度不久实现了独立。是日本为我们提供了实现独立的机会。由于日本的协助，印度提前30年实现了独立。这不仅仅是印度，印度尼西亚、越南以及东南亚各民族也都一样。印度4亿国民（当时）将铭记不忘"（印度律师会会长古拉巴伊·德沙伊）。

战后，在过去受日本军政统治的亚洲各国和地区，因各种不同的政治和社会背景，曾一度主张过去的战争具有"亚洲解放战争"的意义，这也是事实。正因如此，有必要澄清当时日本究竟是以怎样的姿态和意图对这些国家和地区的独立提供"支援协助"的。

在此，第一要指出的是，当时日本以外务省为中心，在形式上极力保证对亚洲各国给予"独立"和"自治"，其目的是为了顺利实施占领统治，以及避开来自海外的批判和舆论。对此有如下的判断，即"通过贯彻尊重主权的原则，可以防止陷入英美式的殖民主义"①。

---

① 〔日〕参谋本部编《杉山笔记》下卷，原书房，1967年。

日本开展对英美式殖民地的批判,事实上是为了掩饰自身殖民地统治及实行霸权主义的预谋,探讨在亚洲各地确立霸权统治的方式。对于日本来说,在亚洲各国、各地区确保"战略资源"是确保战线扩大的最大的目的。因此,为了持续进行侵略战争,必须掩盖这种发动帝国主义、膨胀主义的侵略战争的本质,避免来自亚洲各国人民的抵抗。为了顺利地推进殖民地统治,采取相应的口头优惠是不可缺少的。

第二,为了推进这种占领政策,日本积极拉拢当地的领导者和知名人士。第一次世界大战后"民族自决"成为国际潮流,对此即使诸列强也不能等闲视之。如今不得不重新认识和改变旧殖民地拥有国对要求独立的殖民地采取压制的统治方式。考虑到当时的国际潮流,日本向殖民地的领导者承诺支持其"独立""自治""解放",不惜提供经济上的援助。但是,日本提供支援的大前提是推进战争、实施占领统治,其真实意图决不是想要提供"独立""自治""解放"。这种殖民统治的方式被称之为"新殖民主义"。

战后,主张日本发动的战争对殖民地"独立"和"解放"作出了贡献的论调,主要是从如下两种立场提出的。

第一个就是,为了确保获得日本ODA(政府开发援助)为主的经济援助,必须要表明"亲日姿态"。如果仅仅是念念不忘日本过去的战争历史,并要清算过去的话,将影响到与日本的关系。首先重视从形式上保持良好关系的"意义",由此建立"友好关系",缩小与日本政府的距离,这是出于政治上的需要。

第二个就是,这些言论大多是出自于过去的实权派、有名望的政治家或者民族资本家。他们与日本军队占领带来造成的危害和牺牲没有切身的关系,甚至可以说他们是一些协同日本从中获得了权利的受益者。这些人不仅赞同颂扬"日本的贡献"的言论,甚至表明亲日态度,试图进一步提高自身在本国的地位。

"民族解放"论的背景

随着战局的扩大,陆海军不仅在围绕战争目的方面存在分歧和矛盾,同时在其他重要问题上出现了新的分歧。那就是围绕是否容忍军政统治地区实现"独立"或者"自治"的问题。为了理解这一问题,有必要考察一下该时期陆海军部在侵略东南亚作战结束后制定的各种占领政策,并极力施行的状况。

当然,占领政策和结束战争的构想是相互关联的。日本的目标是实行军事占领后,尽快建立军事统治确保资源、恢复治安。比如,对于印度尼西亚(荷印),首先评价印尼究竟能够提供怎样的协助和配合,在此基础上来考虑恢复其主权,也就是考虑容许其"独立"和"自治"的权限。表明这种容许限度的最重要的文件,有参谋本部制定的《南方作战中的占领地纲要案》(1941年2月)。在该文件中明确记载了向东南亚发动军事侵略的目的在于确保战争资源,没有提到为了摆脱欧洲殖民统治协助其获得"解放"。

之后,日本还制定了许多有关文件,研究过菲律宾和缅甸的"独立",但是目的是为了建立反美、反英的亲日政权。也就是说,日本考虑到在菲律宾对美作战,在缅甸对英作战,因此以答应"独立"的方式,在两地掀起反美、反英运动,建立稳定的对日协作关系。由于在开战当初形势已经表明,已经不可能在占领地建立像实施"伪满洲国"(伪满洲帝国)统治一样的傀儡统治,所以不管是形式上还是间接的手段,首先要承认"独立",从而顺利地实现占领统治。尤其是外务省方面,为了避开国际舆论的批判,坚持这种承认独立的方式。从此时开始,军部和外务省之间围绕占领地的政策出现了明显的对立。

外务省的基本方针是这样的,容许菲律宾单独独立。让荷印(印度尼西亚)在西鲍里斯岛(Celebes)、瓜哇岛(Java)、苏门答腊岛(Sumatera)建立"印度尼西亚联邦",将婆罗洲岛(Borneo)、东帝汶(East Timor)、新几内亚(New Guinea)纳入该联邦的殖民地。而将新加坡直接编入日本帝国的领土,将马来亚(Malaya)作为日本帝国的殖民地。但是,陆海军部对外务省的这一方案基本上持反对的态度。在第95次联络会议(1942年3月14日召开)上,东亚局局长山本熊一(1889-1963年,外交官)的发言阐明了外务省上述主张①。

除了考虑军事战略上的重要地域之因素以外，外务省主张容许菲律宾和印度尼西亚等一部分占领地实现"独立"，其最大的理由，正如政治学者波多野澄雄业已指出的，"通过贯彻尊重主权的原则，防止陷入英美式的'殖民主义'"②。也就是说，外务省清楚地认识到，日本为"确保""战争资源"、以备继续战争这一占领东南亚的目的，实质上是侵略战争，是暴露无遗的帝国主义、膨胀主义。鉴于此，外务省认为如果在亚洲继续进行非人道的战争，必将激发和扩大反日抗日运动，并将阻碍对占领地的统治。正因如此，为了避免来自亚洲各国人民的反对和抵抗，至少从表面上必须与所谓的欧美式殖民主义划清界线。

并且，按照美国的《泰丁斯－麦克杜飞法案》(Tydings-McDuffie Act)（或称《菲律宾独立法案》，1934年），属于美国殖民地的菲律宾预定1946年独立，如果独立之后日本仍继续实行军政统治的话，日本占领统治的野心必将暴露无遗。加之日美开战大约一年之后，有与美国缔结和平的构想，为此，有必要消除对美关系方面的障碍。正如菲律宾的事例所表明的，包括军部在内的形式上的容忍"独立"论，是以与美国建立和

---

① 〔日〕参谋本部编《杉山笔记》下卷，原书房，1967。

② 〔日〕波多野澄雄：《"大东亚战争"的时代》，朝日出版社，1988年。

平关系为条件的,与美国建立和平关系的可能性一旦化为泡影,容忍"独立"的方针也将自然地悄然无踪。也就是说,独立论及解放论,只不过是为了牵制以美国为首的英国及荷兰等殖民地宗主国的理论,归根到底那只不过是为了隐蔽日本的战争目的采取的权宜之计。

在此,需要强调的是外务省坚持主张的容忍"独立"论。即使是一段时期也好,"独立"论也曾得到陆海军部的认同,其中最主要的原因就是,第一次世界大战后出现的"民族自决"这一国际政治潮流。第一次世界大战是一场帝国主义国家之间围绕争夺资源市场的战争,亚洲各国及人民是战争的目标。这次世界大战胜败结果暂且不论,以此为契机,迫使帝国主义国家对其一贯推行的殖民主义进行彻底的修正。

在这种形势下,已经不容许帝国主义列强继续实行以往的殖民统治,"反殖民主义"成为时代潮流,如果用彼得·杜斯(Peter Duus)的话来说,就是进入了"无殖民地的帝国主义"时代。彼得·杜斯认为,满洲事变后建立了"伪满洲国"的日本,打着"民族自决"的旗号,在日中战争时期的军事占领地也采用"独立"和"自治"的统治政策,其主要原因是基于第一次世界大战后蓬勃兴起的民族自决的国际潮流[①]。

---

① 〔美〕彼得·杜斯:《无殖民地的帝国主义》,日本《思想》杂志第814号,岩波书店,1992年。

第五章　亚洲太平洋战争的历史事实

拥有殖民地是帝国主义国家成立的必要条件，而当这种必要条件不能继续维持时出现了"独立""自治""解放"之类的用语。从而，通过这些词语的变换，开始了对新帝国主义的探索。满洲事变的结果建立了日本的傀儡"伪满洲国"，在这一意义上说，超越了既有的殖民主义，也可以将其视为探索新的殖民主义（新殖民主义或者去殖民主义）的一个尝试。对此，最后将从其他的视点再加论述。

第五章

亚洲太平洋战争的历史事实

——卑劣的历史修正主义

"战争目的"的视点

在提起"亚洲太平洋战争"时,这一名称所强调的视点是帝国主义各国之间的战争,即日本对英美战争和日本对亚洲侵略战争的接合性。这一名称与"日中十五年战争"[①]和"太平洋战争"[②]

[①] 十五年战争,日本对九·一八事变、抗日战争及太平洋战争的总称。从1931年九·一八事变爆发到1945年日本战败,历时约15年的战争。——本书审校者注

[②] 太平洋战争,Pacific War的译词。美国对在二战中日本与英美盟国之间以西太平洋为中心的战争的称呼。自1941年12月8日(日本时间)日本攻击珍珠港开始,1945年9月2日日本在无条件投降书上签字结束。——本书审校者注

第五章 亚洲太平洋战争的历史事实

有着根本的不同。但是"太平洋战争"的称呼是在战败后,根据盟军总司令部(GHQ)的通告,规定以"太平洋战争"代替此前使用的"大东亚战争"[①]。但是,由于这一名称的变更,将整个战争缩为"对美战争"。要探讨亚洲太平洋战争的性质,必须弄清楚战争主体发动战争的目的是什么,而对这一战争目的又将如何进行客观的评价。就我个人的观点,称为"大东亚战争"的亚洲太平洋战争是侵略战争,对此不存在任何质疑或争议的余地。

即使从日本国内进行的各种民意测验及其结果来看,以完全肯定的态度回答这场战争是侵略战争的人占三至四成,如果加上回答是"侵略性的战争"或者"侵略性很强的战争"的话,尽管"态度的鲜明度"有所不同,但是约六到七成的日本人认为是侵略战争。根据现在的这种评价结果,让我们重新来确认一下亚洲太平洋战争的战争主体究竟为什么、是出于怎样的战争目的发动了这场战争的呢?

如前所述,日本的战争目的主要是为了建设"大东亚共荣圈"(或者"大东亚新秩序")和国家的"自存自卫"。但是,这总归还是"表面上的战争目的",而有关其真正的战争目的,在向东南亚发动武力进攻之前,在大本营政府联络会议上决定

[①] 大东亚战争,日本对太平洋战争的称呼。1941年12月12日,日本决定将对美英的战争和侵华战争称为"大东亚战争"。——本书审校者注

的"南方占领地行政实施要领"①中有明确的记载。

在该要领中,明确提出,作为"第一方针",就是"当前对占领地实行军政统治、恢复治安、尽快获得重要国策所需资源,以及实现作战部队的自给自足",并明确努力获得铝钒土、锡、石油、橡胶、钨等重要的战略资源为目的。此外,还记载了以下与现地居民的应对方法——"对于原居民,要加强指导、增强其对皇军的信赖、要避免和防备过早地引发独立运动"。也就是说,日本采取的方针是,防止占领地自发的独立运动的扩大,同时,将独立运动本身置于日本军队统一管制之下。这种对独立运动严加戒备的姿态实际上在占领地的行政方面具体地反映出来,对独立运动实行严加管理和控制。换言之,日本在占领地的行政方针,是针对社会形势对独立运动实行压制或者镇压,并不是扶持占领地实现独立。

曾有议论说,日本在菲律宾和缅甸好像表示过容许"独立",但是,日本的这种口头承诺是有特定背景的,那就是如上所述,是为获取实施战争所必要的资源,同时向英美施加压力,争取在和平交涉中占据优势,是出于这种政治和军事两方面的需要所做出的判断。

将"大东亚战争"视为"亚洲解放战争"的根据是,日本曾扶助菲律宾和缅甸实现"独立"。在此,想就这一问题重新

---

① 〔日〕防卫研究所战史部图书馆藏《资料集 南方军政》,1985年。

第五章　亚洲太平洋战争的历史事实

进行概述和分析。例如，在日本政府的"菲律宾独立指导纲要"（1943年，联络会议决定）中，规定菲律宾"独立"的前提条件是，全面协助日本的军事行动及立刻对英美宣战。总之，菲律宾只不过是以日本为首的"大东亚共荣圈"的一员，如果菲律宾保证协助日本的战争，作为酬谢其提供协力的临时手段，口头上承诺容许"独立"。不过，即使事态的发展不能按日本预想的推进，一旦表明了"独立承诺"，就不可轻易地毁约放弃，由此开始探讨和构筑一种与以往殖民地统治不同的、即所谓"新统治机构"。菲律宾的具体情况是，担当行政的管理层表面上尊重菲律宾人的意志，而在实际的国政运营方面，在立法权和行政权方面则实行了严厉的控制。

此外，在菲律宾，仿照"满洲国协和会"（1932年7月成立，以国民统一为目的而组织的政治团体）的做法成立了大政翼赞会式[①]的国民组织"新菲律宾效力团"。这是抑制菲律宾人自发地开展独立运动、减少和削弱独立倾向的组织。顺便提一下，"新菲律宾效力团"曾发展为最多在国内拥有800个支

---

① 大政翼赞会，第二次世界大战时的日本法西斯统治组织。1940年10月成立。本部总裁由首相担任，支部长由道、府、县地方长官兼任，其他要职均由贵族、官僚、军阀、法西斯组织头担任。它积极协助政府强化军国主义体制，扩大侵华战争和进行太平洋战争。1945年6月解散。——本书审校者注

部、约 150 万名团员的一大国民组织（"满洲国协和会"拥有约 400 万名会员）。

"殖民地经营"的视点

接下来，从帝国日本进行殖民地经营的视点来进行考察。战前日本的版图可以看作是以"本土"为中心，从桦太[①]南半部和千岛列岛到中国台湾、朝鲜这两个直辖殖民地，向外扩充展开的同心圆。而日本的傀儡"伪满洲帝国"连接着朝鲜半岛的北部。过去，日本曾期望到亚洲太平洋战争结束为止，将中国的占领地和日本及"满洲"（中国东北部）结合起来，以确立"东亚新秩序"为目标。但是，日美开战之后，在日本占领了东南亚后，开始形成了以"日满华"为核心、以新的广阔地域为对象的经济圈，即"大东亚共荣圈"。这一"大东亚共荣圈"是在与英法美等早发资本主义国家已经形成的经济圈的竞争关系中形成的，但是为了弥补日本与早发资本主义国家相比在资本和技术方面的劣势，不得不更多地依赖于加强军事力量。

帝国日本自甲午、日俄战争开始获得海外领土，第一次世

[①] 桦太，即库页岛，俄文称萨哈林岛。原为中国领土，后被日、俄窃据。日俄战争后，以北纬50°为界，日本占领南部。第二次世界后被苏联占领，纳入苏联版图。——本书审校者注

第五章 亚洲太平洋战争的历史事实

界大战后占领南太平洋的密克罗尼西亚岛。进而，在亚洲太平洋战争之后对东南亚实施军事占领，并且实质上在该地区实行了殖民地统治。其结果，"帝国"日本，以本国的"本土"为基础，其外围是殖民地（中国台湾、朝鲜），傀儡国家"伪满洲帝国"及半殖民地化的中国，而最外围是军事占领的英国领地马来、荷印（印度尼西亚）、菲律宾等统治地域，形成了同心圆的版土。

这些统治地域都是直接通过战争及军事武力的威吓获得的，但是日本对各地域寄予的期待价值并不相同。作为甲午战争的"战利品"占领了中国台湾，日本将其作为生产砂糖和樟脑（楠木的叶、枝等蒸馏而成，因为具有促进血液循环及镇痛、消炎作用，用于外用医药品的成分）等初级产品的生产基地，因为日本国内缺少这些原材料。而对于朝鲜半岛，日本则期望将来成为日本实现向大陆国家飞跃的进出据点（桥头堡）。也就是说，从经济、军事等方面来考虑和判断各个地域不同的利用价值。

这样对殖民地划定不同的附加值的做法，虽然不能说是帝国日本的领导者或者国民在达成统一认识下进行的。但是，事实表明，日本在亚洲太平洋战争中占领的东南亚和太平洋诸地域的岛屿也都有各自不同的价值追求。

例如，1943年5月31日的"御前会议"上决定的《大东亚政略指导大纲》中，确定将西鲍里斯岛、苏门答腊岛、瓜哇

我们的战争责任
历史检讨与现实省思

岛等"纳入帝国领土,作为重要的资源供给地进行开发,努力把握民心"。在这样的政治策略及目标下,同时对各占领地域也提出了新的军事经济方面的要求。因此,随着统治地域的利益扩大,为了维护和加强在统治地域的既得利益,继中国台湾、朝鲜殖民地统治之后,需要建立新的"经营"战略。

日本帝国对诸地域的经营手段也各不相同。既有像直辖殖民地中国台湾和朝鲜一样设置总督府、采取军政统治,直接实施统治的殖民地,也有像"伪满洲国"一样表面依托满族进行政治运营,作为日本的"傀儡国家"实施间接的统治,但实质上也是实行完全统治的地域。此外,也有像缅甸和菲律宾一样,表面上承认其"独立",而事实上作为"保护国"实施统治。

以上考察了日本实行统治、管理的殖民地/占领地,就占领地的"独立"来看,如果满足一定的政治条件的话有可能容许其"独立",虽说如此,事实上如果政治条件不完备的话,只是承认形式上的"自立"。特别是随着与英美的和平预想变得渺茫、渐渐失去和平交涉的意义时,日本政府对容许"独立"的做法急剧地降温,不再感兴趣。而对与英美和平交涉没有关联的中国台湾、朝鲜,从最初开始就根本不考虑"独立"的问题。

如果"大东亚战争"真的是"亚洲解放战争"的话,日本应该积极推进和支援包括中国台湾、朝鲜这些各亚洲国家和地区的独立。但是,事实并非如此,仅仅是对现地独立的要求加以政治利用,一旦其出现明显的独立征兆,则极力地进行压制、

第五章 亚洲太平洋战争的历史事实

镇压。正因如此，过去遭受日本殖民统治或军政统治的各亚洲国家、地区的人民，即使独立之后也表现出对日本的抵触态度。

历史认识浅薄的原因何在

亚洲太平洋战争是侵略战争。日本为了维继殖民统治和军政统治选择了这场战争。即使在战争结束经过60年后的今日，依然还有像前航空幕僚长田母神那样一直不断地主张"亚洲解放战争"论的人。那么，为什么日本国民不能认识过去的侵略战争和殖民统治这一历史事实，进而达成共同的认识呢？为什么不能对战争责任进行认真的检讨和反省呢？

小泉参拜靖国神社虽然在日本国内遭到众多的反对，但另一方面，也有不少人对其表示支持和赞成。那么，为什么竟有那么多人不愿承认战争责任呢？在此，必须弄清这一问题的社会背景和原因，不然要纠正"亚洲解放战争"论将是极其困难的。首先就日本人缺乏战争责任意识的主要原因列举如下。

第一，就是总结亚洲太平洋战争的错误。日本政府和很多日本人认为，战败的原因在于与美国的军备和工业生产力的悬殊，而没有意识到亚洲民众的反抗和抗日民族运动是促使日本战败的真正原因。的确，日本宣布战败，是由于美国投下原子弹提前结束了战争，但实际上，亚洲的战争特别是日中战争陷入沼泽状态，步履维艰，因长时期的战争导致国力耗竭、国民

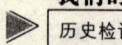
我们的战争责任
历史检讨与现实省思

的厌战情绪蔓延扩大，这应该说是导致战败的最大要因。但是，日本政府和很多日本人却对这一现实置若惘闻，固执地认为战败的原因不是由人的意志决定的，而主要在于工业实力的优劣差距。由此得出的结论是，为了不再遭受悲痛的失败经历就必须加强工业、发展成强大的工业国家。这种重视工业发展的思想此后成为促进高度经济成长的原动力。与此同时，对亚洲进行侵略战争这一历史事实也渐渐地从日本人的记忆中消失了。

从战败到今日，日本始终坚持与美国的同盟路线，并将其视为最高国策。大部分日本人也都支持日美同盟。但是，由此一来，完全忽视了对亚洲太平洋战争做出符合历史的客观总结。我认为，日本对过去的战争进行了错误的历史总结，这一错误的总结制约了战后日本与亚洲各国的关系。尽管日本的侵略战争是在遭受美国强大的军事力的打击下宣告结束的，但是日本失败的最根本的原因还应归结于亚洲各国人民的坚强抵抗。如果不从正面接受这一事实，就不能够真正自觉地认识到战争责任和殖民统治的责任。

日本政府和日本人缺乏历史认识的"宿疾"，在战后冷战格局中又进一步加重了。在中国革命（1949年）之后的冷战格局中，日本在美国的亚洲战略中在政治、军事方面起着举足轻重的作用。日本靠美国这一保护伞的庇护，压制了遭受日本侵略的各亚洲国家要求追究日本侵略责任以及战争责任的呼声。加之，许多亚洲国家在冷战的背景下，军事政权（印度尼

第五章 亚洲太平洋战争的历史事实

西亚、韩国等）或者权威主义政权（菲律宾等）长期执政，剥夺了本国人民要求战后补偿以及追究战争责任的机会。

在这种国际形势下，加上美国对亚洲战略形成的与亚洲诸国的政治关系，日本避免了本来不得不正视的战争责任及来自被害国的"责难"，而集中于加速发展经济。日本政府及许多政治家不能自觉地意识到这种特殊背景和状况，好像未经思考似的大肆狂言、不断地发表一些"荒唐的言论"。冷战结束后，亚洲各国民主化运动迅速发展、开始重新提出追究日本的战争责任和侵略责任，对此，也有许多日本人不能充分地认识历史，表现出敌对的态度，并极力地为自己的国家进行辩护。

第二，必须指出的是，大部分日本人没有自觉地意识到对中国台湾、朝鲜的殖民统治责任。其中也包括上面提到的部分原因。在冷战格局下，中国台湾地区蒋介石的国民党独裁政权一直延续到20世纪结束；而在韩国，自1961年5月朴正熙少将发动武装政变开始，军事独裁政权持续了将近30年。双方都是独裁型政治，事实上对追究日本殖民地统治责任的呼声一直采取压制和封杀的态度。此外日本与美国一道，不仅对中国台湾地区和韩国提供经济援助，而且对印度尼西亚及菲律宾等开发独裁型政治体制也提供了大量的经济支援。其结果，强化了这些国家和地区的政权，通过这些政权长期维持统治，避免了其追究日本的战争责任问题。

但是，对于日本政府及日本人民来说，这也同时意味着失去了反省过去战争的机会。虽然大部分人对日本拥有殖民地还存有记忆，但是，那只不过是对"乡愁"往事的回忆，一直到《日韩基本条约》缔结前后，还在反复叫嚣"殖民地近代化论"。也就是说，许多日本人没有意识到殖民统治是错误的历史选择。日本在对朝鲜半岛的殖民地统治中，企图破坏和抹杀朝鲜文化以及朝鲜人的民族同一性。在中国台湾地区也同样如此，自殖民地统治开始后的半个世纪，向台湾人强行灌输日语和美术教育等，向台湾人强行灌输作为"日本人"的民族意识。

在朝鲜和中国台湾地区一直提倡"内鲜一体"和"一视同仁"等口号，提出了"统一""融合"，以消除殖民地人民被统治的意识，掩盖被统治的现实和状况，在殖民地极力地推进"日本化"（＝大和化）。在彻底推行日本化的台湾社会，如今依然不断地重复"殖民地肯定论"和"殖民地近代化论"的论调。

业已指出，遭受日本殖民统治或军政统治的国家和地区，在日本战败时，本来应该提出战后重建或者战争索赔的要求。但是，在战后冷战体制下这种要求被压制进而被搁置起来。一般认为"亚洲解放战争"论就是在这种历史的缺口中产生的。换句话说，支撑"亚洲解放战争"论的是历史学中无法实证的殖民地近代化论。

第三，是有关亚洲太平洋战争本质的问题。这一战争是在以天皇为中心的天皇制下开始并结束的。对英美战争和日中15年战争重合在一起的整个亚洲太平洋战争，是在日本军部

第五章　亚洲太平洋战争的历史事实

的策划下开始的（满洲事变）。但是，处于其延长线上的日中战争虽然发展成为两国之间的"全面战争"，却因日本没有明确宣战，而仅仅称之为"日华事变"。当然，日本政府将"战争"说成"事变"是别有用心的，是为了掩盖事态、避开国际舆论的谴责。同样，对英美战争也是通过"御前会议"（1941年9月6日）这一超越宪法的机构决定了开战，而1945年8月15日的无条件投降也是在皇宫的密室中决定的。

也就是说，整个战争从发起到结束，都是避开了国民的视野，在天皇周边的空间和人际间决定的。如前所述，正木昊在《接近》中尖锐地指出这场战争"是天皇发动的，又是天皇结束的战争"。的确，这场战争是"天皇的战争"。发动全民参与的这场战争又是一场国民缺乏主体意识的战争。正因如此，当时大多数日本人结合自身遭受空袭等经历认为自己正是战争的受害者，而完全没有作为参战者的加害者意识。

战后许多日本人认为，战前和战争期间受了天皇和军部等战争领导者的"蒙骗"，自己本身并没有战争责任（＝所谓的"蒙骗"论）。这是将国民个人的责任转嫁给天皇和军部，从而为日本国民不必承担战争责任或者反省历史寻求辩解。

由于亚洲太平洋战争的特征，日本人难以认识到自身的加害者意识。但是，强词夺理、坚持将这场战争说成是"亚洲解放战争"的那些人，其潜意识中是想极力逃避加害责任。"亚洲解放战争论"乍看上去，好像是在论述历史事实，但是实际

我们的战争责任
历史检讨与现实省思

上心中潜伏着不安和危机感,唯恐被追究冷战时期一直被尘封起来的加害者责任。战后尽管日本人清楚作为历史事实无法逃脱侵略战争和殖民统治的责任,但是又不情愿地去面对和接受这一事实。

当然,日本人这种意识和感情无论如何解释和说明,对于在殖民统治下饱尝苦难的被害一方来说都是不能谅解和宽恕的。亚洲太平洋战争尽管说是"天皇的战争",但是作为日本人必须扪心自问,为什么被那场战争"蒙骗了"。"受蒙骗"不能成为免除责任的理由。如果不纠正自身的错误认识,就不可能反省历史问题和"恢复历史原貌",也就不可能重新获得亚洲各国人民的信赖。并且,如果以真诚的态度重新评价历史事实,那么也必将能够追究战争领导者的责任。

仅仅让一部分军部的激进派背负战争责任,而免除了包括天皇在内的政治领导者、精英阶层的战争责任,不能够追究真正的战争责任从而导致战争责任问题变得暧昧,这正是战后日本人不能以真诚的态度面对历史的问题所在。

重复"亚洲解放战争"论的理由

接下来换个视角探讨一下反复提倡"亚洲解放战争论"的背景。与同属战败国的德国相比较,看一下日本所处的特有的历史环境。作为日本同盟国的战败国德国,可以说根本不存在

第五章　亚洲太平洋战争的历史事实

掩盖自己国家的战争犯罪或者肯定侵略战争的言论和研究。首先，德国从法律上对这类言论和研究严加限制。并且最主要的是，德国自觉地彻底追究自身负有的侵略责任，如果对纳粹所犯下的罪行不进行反省和谢罪的话，欧洲各国也决不容许和答应，德国正是处于这样一种政治环境中。

战后，针对苏联主导的华沙条约组织，在西欧则建立了北大西洋公约组织（NATO），形成了两大军事集团对峙局面。德国为了加入北大西洋公约组织，首先必须向以往侵略过的各个国家谢罪，并且要保证即使拥有军队，也决不再发动战争。与此相对，在亚洲，则是签署了日美安保、美韩安保、美菲安保等这些各个国家单独与美国之间联结的安保条约。其结果是，从战后亚洲的形势来看，并不存在迫使和约束日本考虑与亚洲诸国保持良好关系的外在因素。

也就是说，挑起第二次世界大战战端的德国企图实现"欧洲的德国化"，而日本则梦想达到"亚洲的日本化"（在"八纮一宇"的口号下建设"大东亚共荣圈"）。战败后，德国主动迅速地选择了"德国的欧洲化"；与之相应，本来应该朝着"日本的亚洲化"而努力的日本，却全力地沿着"日本的美国化"的道路急速奔驰。

在冲绳普天间基地搬迁问题、横须贺美军基地配备核动力航空母舰，以及美驻冲绳海军陆战队迁移到关岛等问题上，日本政府不遗余力地协助美军再编的举措"令人感动"。日本政府还将防卫厅升格为防卫省（2007年1月）。为了与此对应，防卫省提出将自卫官的级别称呼恢复为战前的称呼，并要求统合幕僚会议议长由天皇认证（文官统制事实上形式化）。进而，创设了可称为日本版的海军陆战队的中央即应集团（2007年4月）等。如果回顾一下日本政府将自卫队发展为国家军队以及增强军事实力的一系列举措，即使这些与美国在亚洲的战略密切相关，但是战后日本与痛改前非的德国相比可谓天壤之别，反差极大。

日本在解决与亚洲诸国之间的历史问题方面，缺乏自主性，表现出一副心胸狭窄的小国架势；而在强化军事力量方面却积极寻求与美国的一体化。针对日本政府不愿面对历史、反省过去的这种姿态，亚洲各国表示不满和谴责是极其自然的。在不断地推进与美国军事一体化的过程中，日本政府及日本人渐渐地忘却了对殖民统治和侵略战争的记忆。

历史的记忆和忘却

一部分日本人依然固守"亚洲解放战争"论，这些人的意识中究竟缺少什么呢？对此，笔者想进一步加以考察和分析。从对历史的记忆和忘却这一视点来看，日本人对于被害的历史事实（像东京大空袭、广岛和长崎原子弹爆炸等）记忆鲜明深刻，但为何对于加害的历史事实（像殖民统治、出兵山东、轰炸重庆、南京大屠杀、平顶山事件、越南饥馑事件等）全然忘却了呢？显然，日本对于自己国家，或者对于自身不利的历史事实，以及否定现在价值观的历史事实好像要极力从记忆中抹掉。

日本宪法坚持和平主义原理，否定一切战争。而持有"亚洲解放战争"论的人却要修改日本宪法，甚至想要丢弃宪法。日本宪法将亚洲太平洋战争"认定"为侵略战争，因此只有说明日本宪法的历史认定是错误的，"亚洲解放战争论"才能成立。正因如此，叫嚣"亚洲解放战争"论者，无视殖民统治的实际状况，极力地否定南京大屠杀的事实。也就是说，他们为了达到现实的政治目的，而极力否定、歪曲和捏造历史事实。这就是"历史修正主义"。历史事实无论内容怎样，都是不能被随意篡改、抹煞的。绝不允许事后按自己的喜好来恣意地解释和篡改历史事实。同时应该提起注意的一种倾向是，他们通过反复地向国民灌输"被害"的观念，从而企图消除"加害"事实。

不能人为地改变"历史"。历史是人类创造的，同时应该有助于人类社会的发展。修改历史事实、篡改历史是向整个人类社会的挑战。遗憾的是，战后日本一直在不断地篡改着历史。战后保守势力一贯肯定"大东亚战争"和殖民统治，同时否定南京大屠杀，并不断地赞颂靖国神社。战败后随着时间的推移，日本的社会舆论也已经默认和容忍了这些歪曲的论调，这是不断遭到亚洲诸国人民的反对并失去信赖的一大原因。

围绕殖民主义

　　那么为什么战后日本政府和日本人，不能够正确地对待历史呢？这其中存在着诸多原因。第一，对亚洲太平洋战争进行了错误的总结。第二，与战后日本所处的国际政治秩序有关。也就是说，日本战后的保守政治，与美国的军事战略紧密地融为一体，这一结构带来了诸多矛盾。第三，就是日本特有的政治文化的问题。尽管如此，为什么不能正确地对待历史依然令人不解。要彻底解答这样的疑问并非是容易的事情，在此，通过具体指出战后日本人不能深刻地认识和反省侵略战争以及殖民统治问题，来探讨一下尚未解决的殖民主义问题。

　　至今在日本社会依然广泛地流行着"殖民地近代化论"，说什么由于日本的殖民统治，对殖民地及亚洲各地域的近代化作出了贡献。殖民地近代化论者，不仅主张日本对殖民地的经济发展作出了贡献，并且鼓吹什么扩大了殖民地的人权及推进了民主主义的发展。他们声称日本的殖民统治促进了中国台湾地区和朝鲜的"文明开化"和"殖产兴业"。甚至认为，通过日本殖民地"一视同仁"的统治理念，推行"皇民化"，将中国台湾地区人民和朝鲜人民的"素质"提高到"日本人的水准"，所以是"消除"歧视和差别的社会运动。为什么会依然

第五章 亚洲太平洋战争的历史事实

存在诸如此类的荒唐逻辑和言论呢？又是怎样的背景促成这些言论产生的呢？我认为，其中有两点是极其重要的。

其一，就在于帝国日本的历史形成及其发展过程。帝国日本通过明治维新形成了国民国家，之后确立了全民皆兵制度，取得了甲午、日俄两场战争的胜利，成为帝国主义、军国主义国家。以这两场战争为契机，继续获得了中国台湾地区和朝鲜，日本人对于殖民地的认识、日本成为殖民地领有国几乎是在无意识中形成的。也就是说，中国台湾地区和朝鲜虽说是殖民地，但是在日本人的意识中将其视为日本的领土。日本在国民国家形成和殖民地领有之间有一定的时间间隔，可以说，这与英法为首的拥有殖民地的欧美诸国有所不同。

欧美的殖民地与本国相距遥远，历史文化及风俗等也都大不相同，不能将殖民地纳入国民统一的对象。可是，日本是将与本国邻近的中国台湾地区和朝鲜占为殖民地，加之，日本领有台湾地区和朝鲜时，比起经济上的利益，更加注重确保军事上的有利地理位置。因此否定了曾一时考虑的间接统治方式，采用了由总督府直接统治和皇民化政策。特别是在殖民地台湾，将其视为介于正式领土和殖民地之间的位置。亚洲太平洋战争爆发后，台湾人也成为动员参战的对象，在台湾全面推行日语教育。而在此之前的言语政策方面，将日语教育与本地语教育并重实施。

其二，日本人对于原来认为的殖民主义转向新殖民地主义缺乏足够的认识。回顾近代日本的发展过程,面对欧美列强对亚洲的侵入,力图作为国民国家实现自立,同时为了打破封建制、加速实现近代化,在周边设定军事缓冲地带,日本政府认为领有殖民地是必不可少的。日本将加速国家近代化和领有殖民地这两大课题作为表里如一的目标并行地确立下来。也就是说,将国内实现近代化和国外领有殖民地这一国家政策看作是同等重要的课题,认为这两者是近代化不可缺少的条件,这在日本人的观念意识中已经形成和确立下来。正如神奈川大学尹健次教授在《民族幻想的挫折》[①]等中所指出的,近代化孕育暴力性和殖民地性。

日本国内,随着近代化的发展国家权力的暴力性明显地增强,并通过立法使之正当化,同时对外扩大殖民地的欲望不断地膨胀。近代化或近代性在暴力的基础上得以建立,并以暴力作担保得以实现。正因如此,想要急速实现近代化的帝国日本的暴力性表现得格外显著。在国内启动了统一管理、动员、压制的体制,最终导致了不断的战争和发动侵略战争。

何谓"殖民地近代化"论

近年,关于殖民主义论中频繁使用的"殖民地近代"的概

---

① 岩波书店,1994年。

第五章 亚洲太平洋战争的历史事实

念有多种多样的议论。日本在近代化的过程中显露的暴力也不断地指向内部。在这一方面，虽说同是殖民主义，但是日本和西欧存在一定差异。在使暴力性内在化的日本近代化过程中，大多受到压迫和压制的日本人为什么自身没有培育一种批判"殖民地近代化"的精神呢？可以说这正是最大的疑问。我认为，其理由无非在于天皇制国家主义或者天皇制统治国家体系本身。

正如尹健次指出的，"由于天皇制在国家主义的形成中起到了核心作用，在日本实现对外独立和国内近代化方面发挥了极大的作用"[①]，天皇制起到了将殖民地近代化的暴力性加以正当化的作用。对天皇及天皇制国家的归属意识，以及所谓的"国体"精神，增强了国民作为殖民地保有大国的自负心，所以没有自觉地意识到面向自己的暴力和压制。也就是说，日本人对亚洲诸国人民的蔑视和歧视表现的极大的暴力性，是将自己所遭受的暴力和压抑转向他人，可以说"压抑移转"的原理起到了作用。这正是帝国日本在不断重演的对外侵略战争以及殖民地统治的过程中，施行大量残忍的虐杀和虐待的原因。

即使现在，也尚未解决"殖民地近代"这一近代日本的重要课题。究其主要原因，第一就是日本人没有自觉地认识到殖民地近代化所具有的暴力性，第二就是没有从掩盖这种暴力性

---

① 〔日〕尹健次：《在首尔所想到的》，平凡社，2003年。

的天皇制的束缚中解脱出来。正因如此,以往鼓吹殖民统治正当化的荒唐言论以及"亚洲解放战争"论等依然反复重演,以致进一步炮制出由于殖民统治促进了殖民地近代化、即所谓的殖民地近代化论。像这样的问题,总体上是作为历史认识问题加以讨论的,对此有必要运用殖民主义及殖民地近代化的概念,进行具体的考证和分析。

澄清"亚洲解放战争"论

台湾都市史、建筑史研究者夏铸九在《现代思想》(2001年1月)上发表的题为"殖民地近代性的构筑"的论文中,将摆脱殖民统治后也依然模仿殖民统治者的价值观和精神,并推进心中内在的殖民地化的状态,定义为"殖民地近代性"(colonial odernity)。这不过是一个例子,但含有多种涵义被滥用的"日本精神"用语,如果是以肯定赞赏的口气来说的话,也就是夏铸九所说的"殖民地近代性"的表露。

"日本精神"本来是劳动纪律方面的口号,是支持战后日本经济高度成长的资本主义经营中全面贯彻的劳务管理手法。提倡日本精神的主张是,如果台湾致力于近代化和经济发展的话,那么台湾人也一定模仿战后日本取得近代化并使日本迈向经济大国的日本人的精神。但是,正如夏铸九所指出的,如果将"日本精神"规定为表现"殖民地近代性"的话,那就是"缺

第五章　亚洲太平洋战争的历史事实

少主体的殖民地近代性"。市民社会的构筑，必须是在摆脱了暴力和压制的自由、自治、自律的基础上进行的，但是若以"日本精神"为前提的话，在缺少主体的社会里，就会导致自我封闭的结果。台湾社会散布肯定日本的殖民统治，或者日本的统治加速了台湾近代化（＝殖民地近代化论）的言论，只不过是夏铸九所说的"殖民地近代性"罢了。

朝鲜与中国台湾同样，处于日本殖民统治下，但并不存在相当于"日本精神"的朝鲜语。另一方面，在韩国频繁地使用"克日"这一口号。比如，朴正熙政权无条件地接受了日本近代化的模式，努力以日本的经济发展为目标，但是在此意义上，"克日"这一用语表现了要追上或超越日本的经济成长，反映了对近代化孕育的暴力性和压制性缺少自觉认识或者理解。日本"并吞"朝鲜将其纳为殖民地后，总督府实施"武断政治"的强权统治，但以1919年的"3·1独立运动"为契机，斋藤实（1858–1936年）就任朝鲜总督后，突然改变导入了"文化统治"。其结果是，不断地允许报纸创刊发行等，可以说在一定程度上促进了殖民地近代化。

所谓"文化统治"，是原敬内阁作为朝鲜近代化的一环提倡和推行"内地延长主义"，在朝鲜殖民地推行日本近代各项制度的政策，该时期实施了类似于日本的民主改革的殖民地改革、近代化。当时发行了许多朝鲜语报纸，在此过程中，许多朝鲜知识分子默认接纳了日本的殖民统治。金玉钧、徐载弼等启蒙思想家，容忍日本的统治，努力实现朝鲜的近代化。战后韩国社会对他们进行了彻底的批判。这是韩国社会与殖民地近代性诀别，建立以自我为主体的自立的近代化的见证。

但是，并不能说战后韩国政治完全清除了殖民地近代性。1961年，朴正熙发动军事政变夺取政权后，采取开发独裁的政治手法在韩国全面实施了权威主义的统治。朴的手法，模仿了日本的殖民统治技术。由此意味着，自朴政权开始的三代军人总统时代是和台湾一样的"内在的殖民地化"时代。

战后日本和中国台湾、韩国（朝鲜）的政治经济关系，当然不是统治和从属的关系。但是，日本对于中国台湾和韩国，依然没有消除殖民统治意识（＝殖民主义），并且在韩国和中国台湾，也不能说是自觉地采取措施充分抑制住内在的殖民地化。

日本人在说起台湾是"对日感情"很好的地区，或者台湾"亲日"的时候，那不过是殖民主义的自我表白。另一方面，台湾人回忆并肯定殖民统治时期是"过去的好年代"时，那不过是无意识地表白内在的殖民地化。如果我们要实现以自由、自治、自律为基本原理的市民社会的话，就要注意避免接受现有的近代化论，必须批判和澄清殖民地近代化的实质。

我们一直反复强调殖民地问题，是为了创造超脱"错误的近代化"的逻辑，从而彻底消除我们自身的观念意识和国家社会所固有的殖民主义。只有树立批判精神，摆脱内在的殖民主义的束缚，才能够获得去殖民主义的逻辑。

另一方面，过去遭受殖民统治的国家和地区，在英、法、荷等西欧列强放弃殖民地经营，以及日本因战败从占领地或殖民地撤退时，结束了对殖民地宗主国的从属、协作关系，实现了去殖民地或者去殖民主义。第一次世界大战后，已经成为国际潮流的"民族自决"向世界各地扩展，表现为蓬勃发展的殖民地独立运动。但是，在"去殖民地"的同时，另一方面，也有一些殖民地的社会文化体系发生明显变化的事例。比如，由于殖民地时代瓜分统治的结果导致的民族对立，以及精英与民众的经济差别，或者对旧宗主国的经济上的依从等。除此之外，还有如前所述的容忍殖民体系的内在的殖民地化的问题。

这种内在的殖民地化或者殖民地近代性，导致了肯定殖民统治的论调，也是在旧殖民统治国日本出现"亚洲解放战争"论的原因。毫无疑问，在日本至今依然没有明确战争责任问题，换言之就是缺乏历史认识，这是出现"亚洲解放战争"论的根本原因。

能否达成共同的历史认识

前面，就日本、中国、韩国之间历史认识存在差距的实际状态及其背景，笔者从一位历史研究者的立场和视点主要对日

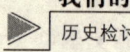
我们的战争责任
历史检讨与现实省思

本方面存在的问题进行了探讨和论述。但是，能不能消除历史认识上的差距，如果能够的话采取怎样的解决方法，反之，如果不能够消除的话，原因究竟是什么？对此想进一步进行考察。

达成共同的历史认识不可缺少的，就是要放弃自我中心的"一国史观"，达成"历史和解"。我认为，所谓历史和解，就是抚慰受伤的心灵，重新创造和平的世界。换句话说就是，加强亚洲诸国之间——特别是日本、韩国、中国大陆及台湾地区之间——的相互经济依存，为实现亚洲地域无核共同体（"亚洲共同的家"），相互之间达成"历史和解"是不可缺少的。

当然并不是说日本在战后根本没有为取得历史和解做出任何努力，但是从政策上来看依然没有明朗的迹象。事实上，日本在冷战时期的高度经济成长和亲美保守体制下，对于那些遭受侵略战争破坏的亚洲各国和地区的战后恢复，一直采取默然无视的态度。在表面上解释说以日本ODA（政府开发援助）的方式代替战争赔偿，所以在日本人的国民意识中形成了日本政府已经进行了战争赔偿这种认识。但是，众所周知，日本ODA（政府开发援助）提供的开发援助资金大多用于被援助国基础设施的整备建设事业，而承接这些建设工程的几乎都是日本企业。可以说在当地很少将这种援助方式看作是实际上的战争赔偿。

也就是说，日本ODA（政府开发援助）不是对遭受战争破坏和伤害的亚洲各国人民进行的救济和支援，只不过是在促进被援助国经济发展这一大义名分下,用于日本企业的活动资金,也就是说这不是对作为实现历史和解基本条件的战争索赔要求的回应。正因如此,以冷战结束为契机,当亚洲诸国掀起自由化、民主化浪潮后,历史和解问题随之浮现出来。冷战时期由于一些国家地区实行权威主义统治体制,压制了民众追究日本战争责任的呼声。冷战后,作为对这种压制的反作用力,出现了强烈要求本国政府重新追究日本的战争责任和殖民统治责任的声音。

但是,到现在为止,虽然正如"村山谈话"①一样,表面上重复着"谢罪声明",却很难说日本采取了使亚洲诸国人民可以接纳认可的具体行动。勿宁说,正因日本没有以真诚的姿态接受来自亚洲诸国的批判,才更加激发了要求追究责任的呼声和抗议行动。

不仅如此,正像"靖国神社"问题所显示的,日本政府有关人士及国民舆论,加上媒体也同样,他们轻视历史问题,好像要故意使问题变得复杂起来,其荒诞的言行十分惹眼。非常遗憾,在冷战结束后,日本一直不能抓住机会进行"反省过去"和重新评价过去的历史,更加失去了亚洲诸国的信赖。如果历

---

① 村山谈话,1995年8月15日日本村山富市首相就历史问题发表正式谈话,对日本的殖民统治和侵略,表示深刻的反省和由衷的歉意。此次讲话精神为其后历届日本政府所沿袭。——本书审校者注

史和解存在困难的话，那么将不可能建设亚洲各国地域间的信赖关系。

坦率地承认历史事实，为了不再失去亚洲各国人民的信赖，只有积极地"反省过去"，以真诚的姿态利用各种机会检讨和反省过去的侵略战争。

达成信赖关系

建立信赖关系就是实现历史和解，当然其前提在于确认历史事实和深化历史认识。为此，必须做出具体的令人信服的实际行动。

首先，是如何面对日本、韩国、中国大陆及台湾地区各自具有的"民族主义"的课题。用"民族主义"一词进行分类的国民意识，无论在哪个国家（地区）都突出地表现出来，问题是如何面对这一现实。我认为，针对中国和韩国对日本政府领导人参拜靖国神社提出的抗议，不是用一句"干涉内政"来为自己辩护，而是需要弄清楚为何抗议，日本政府国家和国民要针对这些抗议的原因重新进行检讨和认识。

中国和韩国涌现的"反日"民族主义，可以说其深层的原因是针对日本不能反省过去的战争责任而表示的愤慨和抗议。同时，也包括各国家及地区内部存在的矛盾等，通过反日运动的具体形式表现出来。因此，即使指责是民族主义等政治上原

第六章　日美安保阻碍了与亚洲的和解

因，也不可能有效地解决问题。

重要的是，要认识到双方对问题的理解方式有所不同。在日本，即使认为是战争责任和历史责任的问题，而同样的问题在中国和韩国，却以"民族主义"的形式表现为社会问题喷发出来。这是对日本失去信任和产生怀疑而出现的"反日"或者"嫌日"的民族主义情绪。对此要求日本采取冷静的态度来对应和缓和这种反日民族主义情绪。

那么，怎么样才能防止这种民族主义情绪呢？最重要的是反省过去和达成历史和解，同时，需要创造超越一国史的、共同拥有的"东北亚史"构想。

东亚诸国形成了多层次纵横交错的共同的文化基础，同时各地区又保持其独自的文化。如果能自觉地认识到东亚的这种历史特征，就应该能够确认所共同拥有的文化基础，从中也应该能够获得认同感。现在的外交仅仅以政治力和经济力为前提，由此仅仅是取决于高低差别或者差异。也就是说，只能产生由政治力的强弱所决定的"统治和从属"关系，或者"侵略和防卫"这种对立的关系。其实并非如此，通过相互对共同的"文化力"的期待，应该能够探求解决的路径。尊重本国的文化表现或文化遗产，并关心其中的差异或异质性，是理所当然的；同样，通过寻求与其他国家相似的或者共同之处，探讨以文化为媒介推进国家之间相互的信赖关系也是十分重要的。

当然,这种想法具有一定的危险性。过去日本在实行殖民统治时,提出"日鲜同祖论"来强调统治对象国和日本之间的共同性,是想要避免被统治人民的抵抗和反对。历史已经证明,这是以抹煞朝鲜文化为前提的"文化融合"。但是,遗憾的是,日本既不能"反省过去",又未能"澄清历史",即使提出以文化为媒介建筑新关系的设想,也并非能够得到亚洲诸国和地区的理解和赞同。

正因如此,为了和周边国家建立信赖关系,首先必须实现"历史和解"。只有实现历史和解,感受到拥有共同文化的亲近感,才是促进人们相互间交流的基础。

第 六 章

日美安保阻碍了与亚洲的和解
——日美同盟和亚洲

日美同盟给历史贴上了封条

战后，裕仁天皇在会见盟军总司令道格拉斯·麦克阿瑟时，谈到会见的目的时讲到："在决定战争，做出一切政治、军事决策和行动方面我负有全部的责任，作为战争的责任者我自身前来听从您代表的盟国的处置"①。裕仁天皇此番具有自我牺牲精神的谈话，受到了日本国民的高度评价，使日本国民对天皇的敬慕之念遽然增加，战后作为天皇逸事反复被加以引用。

有关《麦克阿瑟回忆录》中的记载，对于其可靠性，现

---

① 〔美〕道格拉斯·麦克阿瑟：《麦克阿瑟回忆录》下卷。

今尚有各种疑义。美国处于盟军总司令部的统帅地位，在制定战后的亚洲战略之际，为了对日本顺利地实施占领和间接统治，想要从政治上利用天皇制度。这是完全不考虑英国和苏联的意向而自我策划的构想，当然这种举措是出于政治上的意图。正因如此，麦克阿瑟隐蔽了美国的真实意图，以天皇自身主动承担战争责任为由，作为对天皇免于起诉的依据说明。可以说美国为了消除占领政策的最大课题——裕仁天皇的战争责任问题，通过让天皇自己坦言战争责任设法为其辩护。

在当时的国际政治背景下，对日本军国主义体制的最高领导者、侵略战争的统帅裕仁天皇无条件地免罪，即使是美国也是办不到的。为此，发表了裕仁天皇与麦克阿瑟的会见中承认战争责任和表示谢罪的谈话，以此推卸美国的免罪责任和裕仁天皇的战争责任，达到一箭双雕的效果。事实上，对于认为是会见时天皇的表白，事后并没有进行核实和确认。1964年《麦克阿瑟回忆录》出版时，正值举办东京奥运会，裕仁天皇出席并宣布奥运会开幕。"天皇的圣断"成为日本战后复兴和繁荣的契机，而且作为其成果，日本成为亚洲最初举办奥运会的国家，当时的媒体和社会舆论大肆宣扬颂歌这些举世瞩目的成果。

"圣断神话"，从神话演变到近似"实话"的现实，在日本人的意识观念中接受并固定了下来。在举办东京奥运会期间及其之后,天皇每年都出席在全国各地举办的国民体育大会、宣布大会开幕,事实上扮演了主宰者的形象。通过这些行为和举措,"圣断"进一步扩大演变成"实话"。与麦克阿瑟的会见,裕仁天皇为拯救国民不惜牺牲个人的崇高的献身行为受到国民的敬仰,产生了极大的反响。正是这一原因,裕仁天皇在位期间,其战争责任问题一直被贴上了封条。

限制了日本人历史认识的美国的意图

众所周知,日本战败之后,盟国之间就如何对待裕仁天皇的地位和天皇制,曾引发了激烈的争论。特别是由于英国、荷兰、中国强烈要求追究天皇的战争责任,天皇及其身边亲信都有"相应的思想准备",用心策划了审判对策。对此,寺崎英成、真理子·寺崎·米勒在《昭和天皇独白录——寺崎英成·御用挂日记》(文艺春秋,1991年)中做了生动的记录。

然而,围绕对天皇的处罚,在此依然是美国把握着主导权。《波茨坦宣言》指出,亚洲太平洋战争是恣意的军国主义倡导者发动的,"欺骗并错误地领导日本人民使其妄欲征服世界者之威权及势力,必须永远剔除"(第六项),要求严格追究军国主义者的战争责任、战后进行彻底清除。

美国国务卿詹姆斯·巴内斯(James Barnes)对日本政府试探盟军的意向所做出的答复是,"从投降瞬间开始,盟军最高司令官负有对天皇以及日本政府的统治权限"。也就是说,让天皇从属于盟军最高司令官,实质上是开拓了美国能够对天皇以及天皇制加以政治利用的道路。虽然《波茨坦宣言》采取了美英苏中联合宣言的形式,但是战后把握实权的只是美国而已。另外的英苏中三国,由于国土曾长期经受战争,尽管是战胜国,但国内基础设施遭到严重的破坏以及战争造成大量的人员伤亡,皆竭尽全力埋头于本国的战后恢复。国土没有成为战场的只有美国,从这一点来看美国在战后国际社会占有独特的优势地位。

美国占领了日本之后,从战败的 1945 年 12 月 8 日到 17 日,令全国各家报刊登载盟军司令部提供的题为《太平洋战争史——军国日本崩溃纪实》的报道。该连载报道持续了 10 天,其意图主要可以概括为以下四点①。

①日本侵略战争以满洲事变(1931 年)为起点,从满洲事变开始了日中战争及亚洲太平洋战争等一系列的战争。

②仅仅描述了中国是侵略战争的对象地域,轻视或无视中国抗日战争的意义,而是强调是美国强大的军事力量击败了日本军国主义。

③仅仅提出以军部为中心的军国主义者的战争责任及问题,将天皇及其皇道派、财界、新闻界等温和派视为与军国主

---

① 〔日〕吉田裕:《日本人的战争观》,岩波书店,1995年。

义对立的势力。

④国民受到军国主义者的蒙骗。

由此可见,明显地表明了美国的意图,就是否认日本战败是中国抗日战争起决定性的作用这一历史认识。另一方面,即使是支持协助战争的势力,将其划为"温和派",事实上是免予追究其战争责任。将军国主义者和国民区分开来,只对军国主义者追究战争责任,事实上姑息了战前权力。

可以将这种美国主导的历史观称之为"太平洋战争史观"。根据这一史观,亚洲太平洋战争是军国主义国家日本和民主主义国家美国之间以太平洋为战场进行的一场战争,这场战争是美国取得了胜利,日本战败。因为战败国日本败给了美国的民主主义和生产能力,所以应该由美国式的民主主义和美国式的资本主义主导进行战后复兴。可以说,这就是战胜国美国向日本灌输的某种历史观念。

日美安保条约的历史观

日本战败后盟军开始了长达 6 年的占领期,直到 1951 年 9 月旧金山媾和会议宣布占领结束,才准许日本作为主权国家重新返回国际社会。在媾合会议上缔结的《旧金山和约》(《对日和平条约》,Treaty of Peace with Japan)中,规定了日本向各盟国的赔偿义务(第十四条),但美国放弃了赔偿要求,同时缔结了《日美安全保障条约》（Security Treaty between Japan and the United States of America），获得了向日本政府租借国内基地、使用设施等权利。

战后，虽说是各盟国共同实施对日占领，但是除了一部分地域之外，实质上只不过是美军的单独占领。另外，根据日美安保条约，将日本纳入到自己阵营的美国，还以日本宪法第九条的规定，成功地将过去的天皇制转换为象征性的天皇制、继续维持保存了下来。战后，美国通过这一系列的对日政策优先在东亚确立了自己的军事战略。

美国通过日美安保体制开始"第二次占领"时表示，因为日本败给了美国，所以要加入美国阵营、学习和反省导致战败的历史教训。但是，实际上美国的意图是，向日本人灌输"败给了美国"的历史认识。这对日美两国来说，是情趣相投的历史认识和历史观。对美国来说，可以将日本这一前沿基地据为已有；而对日本来说，通过强化与美国的关系可以逃脱侵略亚洲的责任。

如今，日美关系被称之为"无可替代"的同盟。可是战后，日本躲进了美国的保护伞下，在国内的言论中形成了过去的战争是败给了美国，并不是败给了中国及亚洲各国，并且过去对朝鲜和台湾的殖民统治并没有遭到什么指责，能够免除侵略战争的责任。由此一来，日本是败给了美国强大的物力——即败给了美国资本主义，这样的战争结论广泛渗透到国民的思想意识中,因此很少认为是败给了亚洲人民的抗日民族主义。

另一方面,社会主义中国成立后,对美国来说,需要强化与日本的关系来构筑反共的防洪堤坝。正因如此,美国阻断日中和解的可能性,同时又必须防止韩国以及菲律宾、印度尼西亚等亚洲诸国与日本之间因战争责任问题发生纠葛摩擦。也就是说,在与亚洲的关系方面,正像美日安保、美韩安保、美菲安保所代表的一样,美国所期望的是建立与缔结国之间直接的关系,亚洲各国只能通过与美国的中介关系形成协作的方式,而不容许亚洲各国越过美国实行横向的联合。

因此,美国的意愿是日本与亚洲各国围绕过去的战争形成对立关系,而绝对不希望日本与亚洲各国之间达成相互信赖、相互对话从而实现历史和解。而另一方面,日本唯恐亚洲各国以及旧殖民地要求战争索赔,对日本政府来说美国的态度正是投其所好。因为这样日本就不再需要面对战争责任、并可从某种负疚感中解脱出来。战后,日本搭乘美国亚洲战略之船,失去了直接与亚洲各国对话的意欲,并将侵略战争和殖民统治的记忆抛掷脑后。

不管是有意识还是无意识地忘却过去,日本人忘却了历史就意味着失去了与亚洲诸国人民之间相互交流的共同语言,与亚洲诸国的关系只不过仅仅局限在贸易及旅游等方面。由此来看,日美安保体制所确立的日美同盟,称其为"日美历史认识同盟"也并不过分。

"历史认识同盟"的问题点

　　战后日美关系并不局限在经济和军事领域。如今日美具有共同的历史认识，并且甚至可以说对亚洲及整个世界的"观点"也是共同的。19世纪日本开始朝近代化起步之时，通过外部压力打开日本封建制度大门，从中美国确实起到了一定的作用。但是，对当时的美国来说，不过是将日本视为在亚洲经营殖民地的据点，或者说是实现在亚洲称霸的据点，并不是能够构筑同盟关系的对象。

　　可是，历史和文化完全不同的两国如今结成了牢固的同盟关系，在美国的支援扶持下日本跃居为代表亚洲的经济大国。日美共同的国家利益是日本的非亚洲化，即与日本的美国化。日美两国以资本主义经济为共同的基础，不仅在政治、经济、军事领域，甚至要共同分享某些历史文化。这就是我所说的日美"历史认识同盟"。

　　但是由于"历史认识同盟"，日本在亚洲陷入孤立的境地。日本追求与美国的亲密同盟关系，而在亚洲成为孤家寡人，失去了亚洲的朋友，没有建立信赖关系，令亚洲各国对其感到不安和戒备。并且，日本还不能以积极正确的姿态反省和认识过去的战争。对于亚洲各国不断地追究战争责任的要求，日本政府、企业及日本人对此不屑一顾，一直是漠然处之，主要在于其背后有日美"历史认识同盟"撑腰。这将阻碍着日本和亚洲各国达成共同的历史认识、实现历史和解的可能性。

关于日美"历史认识同盟"问题，另有一点必须强调的就是有关战后裕仁天皇的政治行为。如前所述"圣断"的方式在接纳《波茨坦宣言》时起到了重要的作用，战后依然继续保持战前的权力。此外，天皇在与麦克阿瑟会谈的席间，还要求依靠美国的军事力加强日本的防卫、抵抗共产势力。这关系到此后的日美安保条约的缔结。并且，天皇恳请美国在冲绳设置军事基地，将其置于美国的军政统治下。通过上述天皇的言行可见，完全超越了日本宪法规定的天皇的职能。战败后，守卫天皇制的帝国陆海军解体，所以想借助美军力量增强防卫，裕仁天皇的政治用心昭然若揭。

也就是说，如果不能确保日本整个国家的防卫，也就不能确保国民的安全，裕仁天皇此番言行完全是出于防卫"天皇制＝国体"的动机。正如许多人所指出的，所谓战后日本的"国体"，只不过是日美安保体制。如果再稍加补充的话就是，毫无疑问，当时裕仁天皇意识到，天皇制只有与日美安保体制携手才能持续保存下去。正因如此，裕仁天皇希望日美达成共同的历史认识。不，更确切地说，是以共同的历史认识为前提，在此基础上提出缔结日美安保和美国对冲绳军政统治的。也就是说，对日美两国来说，苏联和中国这两个与日本邻接的共产主义国家，无论对美国的共和制还是对日本的天皇制来说都是共同的敌人，对此两者的认识是完全一致的。

日本接受《波茨坦宣言》的理由，在近卫上奏文（1945年2月）等文书中已经表明，对共产主义的戒备和恐惧是其中的一大因素。毫无疑问，裕仁天皇采取恳请美国的这一方式，最终包括达成历史认识在内和美国结成同盟关系。难于预测共产主义对日本社会的威胁程度，为此，天皇主观上恐怕也是忧虑重重，坐卧不安。唯恐共产主义的浸透威胁到"国体"，天皇及其身边的亲信面对战败的现实，不仅在经济、军事方面，而且在文化、历史等形而上的领域也极力附属于美国，由此寻求自我生存。

如今，可以看到，日本在强调与美国具有共同和类似的文化的同时，仅仅是追求与美国保持大量的交流，在与国际社会的交往中缺少主体、失去了自我。可以认为，其根本原因在于裕仁天皇身先士卒、充当追随依附美国的旗手，由此，战后进一步扩大到了整个日本社会。

终　章

面对过去
——战后世代的战争责任

真诚地面对过去和寻求和解

　　战后日本人历史认识欠缺的原因，在于没有很好地总结和反省过去的侵略战争。而促成暧昧的战争总结的"圣断论"，同时又支撑着战后的保守体制。战后保守体制和日美安保体制成了同义语。正因如此，由于冷战体制结束而动摇不定的保守体制，在重新定义日美安保体制的同时，也在国内力图加强爱国主义教育、强化"国家意识"。其结果，日本出现了闭塞的国家主义抬头这一现象（也包括重新评价岸信介）。而加剧这种国家主义膨胀的正是靖国神社问题，这就是我撰写本书的问题意识。

我们的战争责任
▶ 历史检讨与现实省思

战后,亚洲各国不断地提出责问,日本政府和日本人究竟怎样看待侵略战争的历史,甚至持续到今日,依然抱有疑问。我们应以怎样的姿态来面对和回答这一质问呢?就此,想谈谈个人的看法。

对于亚洲各国提出的质问和谴责,只是漠然处置自然不能解决任何问题。我们不能避开战争责任问题,而必须不断地加强历史认识、自觉地纠正认识上存在的错误。在论述这一课题之前,必须明确何谓战争责任。首先,需要明确导致"战争责任"问题的日本发动的"战争",指的是哪一场战争?按照通常的说法是亚洲太平洋战争(1931-1945年),但是,正如我此前所主张的一样,我认为应该包括明治国家成立之后反动的一系列的对外侵略战争,以及对殖民地的统治。也就是说,必须将战争的起点进一步追溯到出兵台湾(1874年)和甲午战争(1894-1895年)、日俄战争(1904-1905年)来考虑和反省,否则就不能从本质上解决这个问题。

我认为,"战争责任"这一用语的理解和使用,首先自身必须具有主体意识,自觉地承担应尽的责任和义务,为了从根本上重新认识"战争责任"的本质和内涵,必须从明治时期开始日本近代化的全过程来考虑这一问题。

在此所说的战争责任具体是指什么呢?不言而喻,当然是指日本发动的侵略战争和殖民统治给亚洲各国及人民带来巨大破坏和痛苦,对此应负有的责任(日本造成的战争破坏和损害的"事实")。为了履行应负的责任,日本必须进行谢罪和实行补偿,并积极地寻求和解。同时,日本身为侵略战争的发起者破坏了可能共有的历史认识,对此必须有自我反省和自我批判精神。

那么,需要明确的是,究竟谁是战争责任的主体?首先,第一是指导侵略战争的天皇及战前实质上对天皇制起着支撑作用的军部、官僚、政治家、天皇身边的皇道派,以及从外部进行支持援助的右翼团体、宗教团体、学界、工会等组织。当然,除此之外,无论是积极的还是消极的,支持战争的个人也同样负有战争责任。不过,通常认为,在负有"责任轻重"方面是各不相同的。从内部支持天皇制的权力精英层与处于天皇制管理、统制、动员的对象而自身的政治权力被剥夺或受到极大限制的一般民众,不分轻重同等地追究两者的战争责任当然是不合理不现实的。要根据与权力中心的距离,来规定各自应付的战争责任的性质和大小。

战后世代的战争责任

下面,就战后世代是否负有战争责任的问题做一探讨和分析。我的答案是"负有"战争责任,不过有一定的前提条件。

战争责任这一概念如果进一步进行分类的话,可以大致分为:①政治责任、②社会责任、③历史责任、④道义责任等。

我们的战争责任
历史检讨与现实省思

战后世代因为没有经历战前时期，暂且可以免除政治责任和社会责任，但是，我认为不能免除历史责任。当然，这不是像历史学家永三郎（1913-2001年）主张的，超越日本国民世代的"连带责任"。

如前所述，考虑战争责任问题首先要明确自己本身是创造历史的主体，对自明治近代国家成立到亚洲太平洋战争战败为止，日本帝国主义发动的一系列侵略战争和殖民统治进行彻底的批判。首先要确立这种批判精神，"历史认识"正是在此基础上自发地、主动地形成的。政治史和社会劳动运动史研究者高桥彦博曾试想将其作为"自发主动的战争责任论"提出来①。

也就是说，所谓战争责任与世代没有关系，是将自己视为创造历史的主体，在深化自身作为公民的自觉意识的过程中而必然产生的，并不是由于自己是"日本国民"，就命中注定要无条件地继承的责任。战争责任决不是由他人规定、强加于人的。没有合理的理由和令人信服的说明，强加于的责任，与战争责任的本质论是无缘的。

战争责任也需要讲求道义。日本在过去的侵略战争和殖民统治过程中，残害了大量无辜，给其他国家和民族带来了巨大的破坏和损害，使他们饱受了莫大的屈辱和苦痛。日本过去犯

---

① 〔日〕高桥彦博：《民众负有的战争责任》，青木书店，1989年。

下的战争罪行是无法抹煞的历史事实,对此身为日本国民的战后世代应该如何认识,也是体现了道义上的问题。

由于过去的侵略战争背负"罪恶的历史",战后世代也就负有道义上的责任,因此有义务和道义进行谢罪和补偿。在此,并不是从客观上谈论是否有道义上的责任。而最主要的是,对于战争责任必须是出于自发、主动的认识,道义上的责任是每个人自觉的、发自内心的认识上的课题。正因如此,我认为,应该在健全而成熟的民主主义社会,创造一种能够认知道义责任的教育和社会环境。

政治上的战争责任

前面提到战后世代没有经历战前时期,所以暂且免除政治责任和社会责任。但是,实际上,即使战后世代也负有政治上的战争责任。这与对国家这一政治共同体寄予的期待有关。对近代国家寄予的最低的期待就是维护"个人的权利 = 人权"。近代国家改变以前的国家形态,将民众认同和支持的"共同权力"(Common Power)和"法"(Common Low)作为必要的条件形成了"国家"(Common Weath)。

为了维护和确立人权而形成的国家不能坦诚地对待危害他民族的事实,或者将加害正当化时,作为国民对于国家这种行为主张若是表示容忍的话,显然作为"共同权力"和"法"的主宰者的民众自身就负有政治责任。诚然，民众委托给国家的权力是暂时和形式上的，但是国家的行为是负有相应责任的。鉴于此，现在的国家不承认过去的国家犯罪，持续拒绝谢罪和补偿的时候，对国家的容忍可以说就意味着自我放弃了自身的政治责任。

本来应该属于民众的权力，如果国家不正当地行使它，民众手中握有更换的权力。这个权利称之为"抵抗权"或者"革命权"，在现行的日本宪法中，确实"国民主权"（＝人民主权）中继承了这一思想。

如上所述，战争责任问题，是权力的主宰者民众自身负有的责任。正因如此，各世代是权力的主宰者，其自身必然是与战争责任问题相关联的。如果树立这种认识的话，日本政府不能真诚地对国家犯罪进行谢罪和补偿，这不仅仅是国家和政府的问题，也是每个日本国民的政治责任问题。既然战后世代接纳近代国家的原理，并将自己的希望寄托于国家，那么就要自觉地承担战争责任，为恢复日本国家应有的姿态做出不懈的努力。

战争责任超越国境和时效

以上，论述了作为日本国家以及日本民族的一员应该怎样承担战争责任和义务的问题。此外，还必须指出的是，战争责任不是一国的问题，并且是没有时效的。

要论述战争责任问题，就需要具有国际的视野和关怀。在此，所讨论的战争责任问题是以具体的日本国家和日本民族为前提的，但是这并不限定于特定的国家或者特定的民族，而是应该以普遍的视点加以探讨的课题。当然，这决不是将帝国日本的战争责任和战后世代的战争责任相对化或者轻量化。哪个国家和民族都有必须澄清的负面历史事实，如果现在尚未澄清的话，无论自身属于哪个国家和民族，都应该积极地去正视和寻求解决。这正是我想要强调的一点。

为了实现和平，首先必须澄清战争责任的问题。但是战后世代，强调国家制度的原因，为自己辩解从而逃避战争责任问题，这是不合乎常规的。

说起战争时效，战争责任的问题不是随着时间的流逝而自然消除的问题。并且，即使进行了具体的谢罪和补偿，仅仅如此也不能说尽到了战争责任。在此，需要强调的是，在历史认识方面直至牢固地确立反对战争追求和平的理论和思想为止，战争责任是不存在时效的。

亚洲和非洲频繁发生的战争和纷争，以及当今世界存在的饥饿、贫困、压制、歧视等"暴力"表明，如今世界依然处于"远离和平的状态"。为了从阻碍人权的"远离和平的状态"中挣脱出来，战后世代也应该自觉地担负起历史的责任和义务，以自身的行动持续不断地履行战争责任。因为战争责任没有时效、是持续永久的课题。从这一意义上说,日本基督教团举行的"坦白战争责任"正是基于战争责任没有时效这一历史认识而发起的活动。毫不隐讳地"坦白"发动侵略战争的历史事实,并由此澄清战争的罪过,正是教徒所发誓的、要持续不断地进行"赎罪"吧。

在此,作为个人需要有强烈的自我意识努力解决的课题就是,战争责任并不是一个抽象深奥的概念,是与德国人所说的罪责问题(Schldfrage)的观念相近的。"坦白战争责任",希望战后世代将没有时效的战争责任视为个人自身的问题来对待,可以说为我们提供了一个重要的启示和课题。

战后世代的"战后责任"

在论述战后世代的"战争责任"时,同时也有必要提出战后世代的"战后责任"这一问题。德国记者拉鲁夫·佐丹奴在《第二犯罪——身为德国人的重负》①中,将希特勒的"第三帝国"时代德国人所犯的战争罪行称为"第一犯罪",而将第二次世界大战后德国人有意或者无意地默认、隐讳、歪曲、否定"第一犯罪"的行为称为"第二犯罪",对德国人的战后责任进行

---

① 原书题目为:Die zweite Schuld oder Von der Last Deutscher zu sein.日文版翻译:永井清彦等,白水社,1990年。

终章 面对过去

了严厉的追究。

从拉鲁夫·佐丹奴的"第二犯罪"论来看，确实对于战后世代并没有追究"第一犯罪"。所谓"第一犯罪"是指直接袒护战争犯罪而派生的战争责任。拉鲁夫·佐丹奴将不能自发主动地认识"第一犯罪"，不愿将"第一犯罪"作为自身责任加以克服的行为规定为"第二犯罪"。也就是说，只有通过自身继续承担战争责任的行为，强化历史认识，才是履行了"战后责任"。战后世代具有防止"第二犯罪"的责任和义务。

战后，德国为彻底"反省过去"的战争犯罪，一直做出了积极不懈的努力。不仅如此，依然提出了"第二犯罪"警示战后世代不断地自省。而日本，战后极其粗浅的历史认识使战争责任问题变得暧昧，在一味地强调自身被害的舆论中，战争责任问题被丢弃和遗忘了。

实际上，战后世代面对着许多有待解决的课题。战后，日本人的政治意识及历史观在很大程度上受到冷战结构的影响，对于大多生长在战后的日本人来说，在所处的社会中难以找到共同普遍的历史认识。冷战结构不仅是美苏争霸的问题，这期间，日本和亚洲诸国之间，日本失去了反省过去加深历史认识的机会。真正的问题是，战后世代对此并无悔悟、表现得麻木不仁，只是一味地寻求日本自身的"民主化"。日本忘却了侵略战争的事实，由此愈加失去了遭受日本侵略的亚洲各国人民的信赖。比如，忘记了帕坦①死亡行军、南京大屠杀、新加坡屠杀等事件，而广岛和长崎的原子弹爆炸、西伯利亚扣留等却深深地铭刻在记忆中。

战后世代根据对自身的利弊将历史的忘却和记忆区别开来，随意地重新构筑历史，对这种行为指责为持续的"第二犯罪"，并不严厉和过分吧。

只有批判隐讳过去的历史事实和忘却过去的行为，战后世代才能澄清模糊认识、自觉地履行战争责任。不能接受"过去规定着现在"这一历史看法，将侵略战争只不过视为过去的事情而丢弃在遗忘的角落，目前这种危险的理解和认识依然表现得格外突出。现在，重要的是确立这样的视点，即不彻底地反省"过去"，就不能获得我们所期望的"现在"。尤其是对于生活在"现在"的战后世代来说，承担战争责任和战后责任更是他们义不容辞的责任和义务。

暗中活动的历史修正主义者

"日本败给了中国"——这是战后日本面对历史时的出发点。但是，日本社会存在一些被称之为"历史修正主义者"

---

① 帕坦（Patan），位于尼泊尔中部、首都加德满都南面的古都。——本书审校者注

终章　面对过去

(revisionisme)或者"历史否定主义者"(negationnisme)的历史"修正"论者,如今依然具有一定的影响力。历史修正主义者们的目标是,否定本来是历史创造主体的个人,全面肯定国家是管理、修正历史的主体。因此,若是有损国家利益的历史事实,就极力地进行主观上的解释,试图进行抹煞或隐瞒。众所周知,德国的历史修正主义者试图对纳粹主义的侵略这一俨然的历史事实进行隐瞒和歪曲;在美国,得到"自由压力团体"支援的"历史修正会议"等开展有关活动;在法国,以右翼政党"国民战线"为中心,提出"修正"法国共和制的历史。

而在日本,历史修正主义者的活动也曾喧腾一时。朝日新闻社记者本多胜一在其所著《中国之旅》(朝日新闻社,1972年)中揭露了日本军队在中国所犯下的罪行。对此,纪实文学作家铃木明在《文艺春秋》(1973年)发表"'南京大屠杀'的虚构"一文进行了猛烈的反驳,试图全面否定南京大屠杀。

另外,即使最近,一些竭力否定历史事实的活动也十分引人注目。比如,原冲绳战的指挥官及其遗族,针对大江健三郎①的《冲绳笔记》(岩波书店,1970年)中记述的内容,起诉作者大江和出版社岩波书店,要求名誉损害赔偿和停止该书的出版。因评价旧日本军引发争议的审判事件,虽然2008

---

① 大江健三郎,日本著名作家,诺贝尔文学奖获得者。——本书审校者注

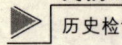

我们的战争责任
历史检讨与现实省思

年10月1日大阪高等法院驳回了原告的诉讼，但是原告不肯就此罢休、正在上诉最高法院。此外，日本思想史研究者东中野修道等，反复发表言论指责南京大屠杀事件的幸存受害者夏淑琴的证言是虚构的，结果东京地方法院以名誉损害诉讼案开庭审判，2008年6月，东中野等南京事件否定派以败诉告终。

对于德国的历史修正主义者来说，否定毒气室的事实是关系到自我生存的问题。而在日本，历史修正主义者在开始为构筑新的帝国主义国家进行活动时，南京大屠杀是必须否定的历史事件。他们首先否定侵略战争这一历史事实，由此偷梁换柱，将侵略战争改说成"亚洲解放战争"论，最终目的是要肯定日本的战争。

历代有诸多的首相以及执政党和非执政党的政治家们公开参拜靖国神社，归根结底其行为无非是想要修正历史。也就是说，无论是有意还是无意，都是企图"公开"宣布修正历史、使其法制化的政治行为。亚洲各国对公开参拜表示强烈反对，是因为参拜是忘却过去战争的行为，其中隐藏着想要修正侵略历史的意图。

不仅如此，在教育领域，现行的"教科书审查制度"使历史教育的目的和理念形同虚设，导致了"官制国史"的强行实施。换言之，"教科书审查制度"是以国家进行"历史一元化管理"为目的，即采用审查制度的形式将所谓的历史修正主义变得"合法化"、权威化。由于这一制度的设立,使我们失去了客观公正评价历史的机会,对此,我们决不可熟视无睹、等闲视之。

历史的"收复"

如前所述,日本这一国家,作为"历史管理"者总是试图歪曲和隐瞒过去的历史事实。不仅有很多忠实于这一国家路线的政治家,也不断出现一些充当走卒的历史修正主义者。对此,我们有责任和义务揭露他们的犯罪行为,从国家掌控管理中"收复"历史。如果我们能够靠自身的努力收复历史的话,那么,就一定会驱除历史修正主义者。要提高对历史现状的危机意识,自觉抵制历史修正主义的发展。为此,不断地反省过去、强化历史认识是我们唯一的选择。现在,在反省过去的同时,我们担负着历史的"收复"这一课题。这一课题概括如下。

第一,就是历史的"忘却"和"记忆"。在亚洲各国看来,日本政府总是想要掩盖过去的历史,许多日本人在忘却过去的历史。作为有良知的日本国民,我们应该"揭露"这样的政府和日本人,靠自身的努力进行历史的"收复",实现与亚洲各邻国共同的历史认识。这也是与过去遭受侵略的国家和人民达成历史和解的第一步。

战后日本政府以及大部分日本人,不能将侵略的历史事实视为自身的问题,而只是将过去的侵略战争看作是"过去的事情"而"相对化",忽视了"过去规定着现在"这一重要的历史视点。况且,日本将"侵略战争"这一不利于本国的"过去的记忆"列为抹杀忘却的对象。这种"卑劣"行为只能遭到有正义感的人们的唾弃。

这种"人为操作"的历史忘却只能使自身陷入孤立、失去信赖。也就是说,为什么将广岛、长崎和西伯利亚扣留、"玉碎"等"过去的事情"铭记不忘,而将出兵台湾、出兵山东、平顶山事件、上海越洋轰炸、重庆轰炸、广州轰炸等全然忘却了呢?这种按人为的意图将历史事实重新划分为"忘却和记忆"的做法,正是令人忧虑的问题。

第二,现在,不仅仅是历史学界,各个领域都在就"羞耻"问题展开活跃的讨论。在考虑这一问题时,首先想介绍一下两位德国政治家的发言。

首先要介绍的是由德国保守党——基督教民主联盟当选的首相赫尔穆特·科尔(Helmut Kohl)的发言。

> 在历史面前,德国对于纳粹的暴行及其造成的危害负有责任。并且在没有时效、羞耻和悔过中表明这一责任[①]。

---

① 法国《世界报》1985年4月25日。

终章 面对过去

这一发言的本意是坦言"羞耻",提醒和警示那些没有悔过和羞耻感的人们。大多数德国人支持了发动侵略战争的希特勒纳粹政权,并且,魏玛共和国的德国人合法地选择了希特勒政权。鉴于这些历史事实,科尔首相是为了警示现代德国人明确地讲出这番话的。通过这一发言,科尔首相旨在告诫至今没有愧对过去的德国人要在谢罪的同时,决意断绝与战前纳粹政治社会的关联。与此相比,日本的政治家大言不惭、毫无羞耻地不断重复"侵略否定论",实在是相形见绌。不仅如此,还将战前和战后密切连接一起、肯定过去的历史。这种鲜明的对比和形成的反差意味着什么呢?

另外还有一个重要的人物,里夏德·冯·魏茨泽克(Richard von Weizsäcker)(时任德国总统)的发言曾被频繁地引用:

> 我们必须靠自己的力量发现(判断的)基准。自我安慰、或者依靠他人来安慰自己的心灵,并不是最有效的。不是隐瞒掩盖过去、或者片面地看待过去,我们需要有勇气和力量尽可能地面对真实,实际上我们具有这种力量①。

上述两个人的发言中都分别强调,必须将侵略和加害的历

---

① 《荒野的40年》,岩波书店,1986年。

史事实"刻记在心"（Erinnerung），由此使全体国民明确加害的主体和被害的主体，以实际行动向被害者进行"补偿"和"谢罪"。在议论战争责任问题时，如果仅仅是以二元论的观点来区分为加害和被害或者敌方和我方的话，则难于找到和解的途径。我们必须首先做到确认"过去规定着现在"，努力使自己成为历史的主体，这正是需要我们设定的课题。

战后，日本国家隐瞒掩盖过去的历史，或者强行"改写"历史，对此日本的市民社会不能有效地采取相应的措施，其根本原因就是日本战后没能设定和认真地探讨历史认识这一重大课题。不仅如此，对于战后的"和平主义"和"民主主义"的实质不加深究、在全力追随利益诱导和利益至上主义的"经济发展路线"中，有意或者无意地忘却了过去的历史。

各种各样的历史观

现今，有关亚洲太平洋战争的历史事实，得到了充分详细地论证。可以肯定地说，战后日本人的观念中基本上确立了亚洲太平洋战争是日本发动的侵略战争这一战争观和历史解释。彻底揭露和批判发动侵略战争的战前社会，同时将战后社会作为总体的批判对象，并在与战前社会保持诸多连续性的现代社会中确立正确历史认识的运动正在广泛地开展。要不断地批判和"反省过去"，正视"作为现在的过去"，深

终章 面对过去

化历史认识。

不能将"过去"仅仅视为时空上的"事情"来处理。蓄意歪曲、隐瞒历史,出于特定的政治目的捏造历史都是极其卑劣的行径。比如处心积虑炮制的所谓"美英同罪史观"、"自卫战争史观"、"亚洲解放战争史观"、"殉国史观"、"英灵史观"等。标榜这些历史观的人的共同点就是,指责一方的"犯罪"来"相对地"减轻自己的罪过。其放弃历史责任,逃避历史责任的卑劣行为昭然若揭。按着这种观点,在亚洲实现共同的历史认识、创造"和平共存关系"是不可能的。

最后,就与上述历史观相对立的我们这一侧所存在的问题简要概括如下。

我认为,依然重复"回归战前"论,实际上是很大的问题。日本国会曾经审议过"否定侵略决议案"。在批判这种反动的政治攻势时,抓住战后一贯存在的一个反动典型,仅仅重复"回归战前"论根本不能解决问题。摆脱固定的思维模式,必须时常把握现实的政治课题。总之,"回归战前"论,毕竟是"曾经听到的议论",不能对应和抵制个别发起的"反动"攻势,以至现实社会反动势力更加嚣张猖獗。

从战败到现在,保守政治对应各个时期炮制和发表"反动"言行,对此仅仅是理解为向战前式法西斯的复归,就不能切实地把握"新的危险"的本质。反动言行总是以新的法西斯形态及其内容表现出来的,有必要对这种新的手法及内容进行透彻的分析和采取果断的对应。

　　比如，本书第三章中所论述的靖国神社问题，在战后权力精英的新国家构想中占有重要位置。战后权力精英们认为，通过国家对思想和宗教信仰的管理构筑可能的政治体制，虽然平时侵犯思想和宗教信仰的自由，但最终可从政治思想上动员国民达成国家目标。并且今后有可能成为现实的"动员"，不是采用像战前一样露骨的强制的手法，而是表面上将采取国民同意、协调的方式。这正是所谓的"微笑的法西斯"。

　　此外，必须充分注意到如今权力机构通过媒体操纵信息发挥了有效的作用。操纵信息唤起市民的危机意识，是以"排除的理论"（生活法西斯主义）诱导市民[1]。市民对日常生活中侵入的"异端"变得敏感，想要排除社会上的异常事物。我们要正视并向这种破坏市民自律的权力发起挑战。在本书结束时再次强调，今后一个长期而重要的课题就是不断地追究"我们的战争责任"。

---

[1] 〔日〕齐藤贵勇：《安心的法西斯主义》，岩波书店，2004年。

书　　名：	我们的战争责任：历史检讨与现实省思
著　　者：	〔日〕纐缬厚
译　　者：	申荷丽
审　　校：	黄大慧

出 版 人：	董　伟
责任编辑：	宋　娜
封面设计：	蔡长海

出版发行：	人民日报出版社
社　　址：	北京金台西路2号
邮政编码：	100733
发行热线：	（010）65369527　65369509　65369510
邮购热线：	（010）65369530
编辑热线：	（010）65369521
网　　址：	www.peopledailypress.com
经　　销：	新华书店
印　　刷：	北京市朝阳印刷厂

开　　本：	880×1230毫米　1/32
字　　数：	150千
印　　张：	6.75
印　　次：	2011年1月第1版　2011年1月第1次印刷

书　　号：	ISBN 978-7-5115-0160-8
著作权合同登记号：	图字01-2010-6187号
定　　价：	35.00元